AF348646

Chambre contre services

DEDICACE

Je dédié, ce livre à mes parents, à ma femme et mes enfants, mes frères et sœurs, mes maîtres et professeurs, particulièrement :

Mr Mesbah Abdelkrim, Professeur du Français et Auteur.

MR   Ait Hamouda Youcef .Paix a son âme

MR   Arezki Belrechid

MR   Oussalah Abdelhalim

MME Benali Farida

MME Benali Houria

MR   Khababa Mahmoud

MME Ndjima Allouche

MR   Belarbi Rabia

MR   Behloul Abdallah

MR   Kadour Aziz

MR   Kadour Rabia

MME Benboudadi Rabia

A tous mes anciens camarades de classe, mes amis.

Sans Oublié mon ami, Azzi Merouane, Un amoureux de la lecture et de la langue Française.

Maître Yanis Bouhaddi

A tous les jeunes Algériens qui manifestent actuellement pacifiquement pour la liberté et la démocratie.

Aussi à Bencherif Smail dit Mohand Chérif Ouyahia paix à son âme il nous a quittés tôt, un fervent défenseur de la liberté.

A tous les habitants d'Ath Abbas, sans oublier le Maire d'Ighil-Ali, Mr Laradi Mohand Larbi.

Abdelmadjid Adda

Chambre contre services

Roman

GRANDEUR ET DECADENCE

Les temps ont changé
La société est désemparée
Autrefois, les temps étaient durs
On mettait les voleurs en croix
Maintenant, les temps sont meilleurs
Aux voleurs, on met des croix

Que sont, ceux qui donnent l'exemple devenus ?
Qu'est-il, des gens qui nous consolent, advenu ?
Qu'est-il arrivé à ceux
Qui tracent la route ?
Qu'est-il advenu de ceux
Qui évitent la déroute ?

Aujourd'hui, l'heure est si grave
Qui sait, ce qui arrivera
Au petit peuple, aux gens braves
Aux hommes sages qui ont foi
Aux hommes justes et droits ?
Qui sait ce que demain sera ?

....

Abdelkrim MESBAH Auteur et Professeur.

Chambre contre services

Abdelmadjid Adda

Chambre contre services

Roman

Aujourd'hui, ou hier, je suis devenu papa. Ma femme a accouché en Algérie d'un petit garçon, Ismaël, du nom de mon grand-père. Malheureusement, je ne peux pas me rendre là-bas pour voir mon fils et ma femme. Si j'y vais, je ne pourrai plus revenir, car je suis « sans papiers », en situation irrégulière, depuis six mois. Je suis très content mais triste à la fois de ne pas pouvoir partager ce très grand moment, tant attendu de nous. J'imagine aussi la fierté et la satisfaction de ma grand-mère paternelle, qui nous a beaucoup aidés et soutenus pendant les années de calvaire à essayer de faire un enfant. Djamila est tombée enceinte trois mois avant que je quitte le pays.

La meilleure solution semble de faire venir ma femme et mon fils ici, en France. Mais pour cela, il faut déjà que je règle ma situation. Hélas, ce n'est pas aussi facile qu'il y paraît. Il existe des gens en situation irrégulière depuis dix ans ! Un jour, je travaille, un jour, non, mais je réussis quand même à envoyer un peu d'argent à ma famille, car le taux de change du franc est élevé par rapport au dinar.

En Algérie, nous vivons dans une grande maison construite par mon grand-père, paix à son âme. Devant l'entrée se dressent un poteau électrique et un grand eucalyptus. Il y a une petite porte du côté droit, près des compteurs de gaz et d'eau. La porte d'entrée est peinte en vert. On peut garer son véhicule dans la cour en ouvrant le large portail. En entrant, à droite, se tient le petit studio de ma grand-mère.

Il faut monter deux marches pour pénétrer à l'intérieur de la maison. Dès que vous ouvrez la porte en bois, vous vous trouvez nez à nez avec le portrait de mon grand-père, une arme à la main : il est tombé au champ d'honneur à Alger, du côté de Bab el-Oued. Il était né dans une grande famille de marchands de tissus, son père avait sillonné toute l'Algérie, il était connu aux quatre coins du pays. Mon grand-père a eu quatre garçons, dont mon père. À chacun, il a acheté une maison et un magasin. Je suis né dans la maison qui était la part de mon père.

Ma grand-mère est plutôt grande, maigre, brune mais avec des cheveux blancs. Elle ne porte jamais de bijoux. Très ordonnée et indépendante, elle se montre généreuse. De religion musulmane, elle ne pratique jamais, ne fait même pas le ramadan, ce qui ne plaît pas à la famille. Pourtant, elle ne fait de mal à personne. Elle aime tout faire toute seule, sans l'aide de ma mère. Pour le coup, ma mère est bien tranquille, pas comme dans d'autres familles où la belle-mère cherche des histoires à ses belles-filles.

À gauche de la chambre s'ouvre une fenêtre qui donne sur le jardin. Ma grand-mère aime s'y asseoir sur une banquette, pour écouter les bruits de la nature. Elle aime le jardinage, son jardin est toujours fleuri, elle cultive aussi pas mal de légumes et de fruits. Elle apprécie la solitude, avec ses deux chats pour compagnons. Elle vit une vie vraiment très simple, modeste. Elle ne rend visite à ses autres enfants que lorsqu'ils l'invitent, elle ne s'impose jamais chez quelqu'un, sauf quand il s'agit d'un devoir.

Je suis son préféré. Cela fait longtemps qu'elle prie pour moi, pour que ma femme puisse avoir des enfants. C'est grâce à elle que j'ai continué mes études, car mon père est près de ses sous. Aussi, je ne lui demande jamais rien, je me débrouille comme je peux, malgré les difficultés de la vie.

Il faut dire qu'Ismaël est un miracle du bon Dieu. Nous étions mariés depuis plus de dix ans, ma cousine Djamila et moi, et n'avions pas jusque-là réussi à avoir d'enfant, malgré les soins, les visites médicales, les médicaments. Toutes mes économies étaient passées dans les voyages, les consultations, les traitements. Tout ça coûte vraiment trop cher. L'État n'aide pas, rien n'est remboursé par la Sécurité sociale. Les médecins se montrent inhumains, sans pitié, ils en profitent au maximum. En plus, il faut agir en cachette, discrètement, sans que personne le sache : chez moi, ces démarches, c'est la honte. Notre société ne pardonne pas, comme si on voulait avoir des enfants contre la volonté du bon Dieu.

Nous sommes même allés voir les marabouts, plusieurs fois. Chaque fois qu'on nous en signalait un, nous allions le consulter dans le but de lever les blocages, car les médecins nous disaient : « Vous n'avez rien. » Chaque marabout utilisait sa propre stratégie pour nous soutirer de l'argent. Mais quand on se trouve dans ce type de situation, on ne réfléchit pas, on croit à tout. On considère qu'il ne faut négliger aucun conseil. Parfois, nous y avons passé la nuit, avons dû égorger un mouton ou donner une grosse somme d'argent, boire de l'eau bénite par le marabout. Ces gens mettent tout en œuvre pour gagner beaucoup d'argent.

Une fois, nous sommes allés dans le sud de l'Algérie. On nous avait recommandé un grand marabout, sérieux. Nous avons roulé pendant plus de douze heures. À notre arrivée, nous avons trouvé une grande villa en plein désert. Rien n'était inscrit sur la façade, aucune pancarte. Il y avait des centaines de voitures garées devant.

Nous avons été invités à entrer par un agent de sécurité vêtu de vêtements traditionnels, un brassard à la main. Il nous a dirigés vers l'accueil. Là se tenaient des guichets pour hommes et pour femmes. Nous avons payé notre séjour plus cher qu'un hôtel cinq étoiles. Un monsieur m'a conduit dans une salle pour hommes et ma femme a été menée dans une salle réservée aux femmes. Chacun avait un numéro de badge. L'organisation était minutieuse, rigoureuse.

Je suis entré dans une grande salle noire de monde, des hommes qui venaient de tout le Maghreb et de l'Afrique – Tunisie, Algérie, Maroc. Il fallait impérativement rester une semaine en pension complète. On nous faisait croire que toute la nourriture était bénite. Nous ne devions donc manger et boire que dans cette grande villa, avec interdiction absolue de manger autre chose en provenance de l'extérieur. Nous devions aussi faire les prières à l'heure, et les invocations avec le marabout, les femmes avec les femmes, les hommes avec les hommes. Pas de mélange. Vous n'aviez pas le droit de rater une seule prière, il fallait se montrer assidu et croire en ce marabout, car il avait réussi là où la médecine avait échoué. Nous avions tellement envie d'avoir des enfants, nous avons cru à l'impossible. Parfois, il fallait engloutir des trucs amers, quelquefois dormir par terre. Ils nous ont fait faire des choses que nous ne pourrions plus refaire aujourd'hui. Ils ont profité de notre faiblesse. Quand j'y repense, parfois ça me révolte, d'autres fois, j'en ris. Je me dis : ils nous ont bien eus.

À la maison, je subissais une forte pression : mes parents me demandaient de divorcer et de prendre une autre femme, puisque celle actuelle avait un problème. Nous partions souvent dans de grandes disputes, et au lieu de nous aider, ils nous causaient beaucoup de problèmes. Moi, je ne voulais pas divorcer de ma femme pour ce motif.

Je ne vous cache pas que le plus dur restait les paroles des gens. Elles font mal. On vit dans une société sans pitié. Personne n'est libre de son corps ou de sa vie, il faut toujours vivre comme les autres, les gens n'aiment pas les différences. Ma femme, chaque fois qu'elle se rendait dans un mariage, en revenait malade, à cause des paroles des femmes : « Change de mari. Si tu veux avoir des enfants, ne reste pas avec lui, tu es encore jeune. »

Pour ces raisons, une très grande tension régnait entre nos deux familles, et malheureusement, j'étais obligé de vivre chez mes parents, car avec mon modeste salaire, je ne parvenais pas à payer un loyer. Nous devions subir. Depuis notre mariage, mes parents avaient changé d'attitude envers moi, on aurait dit que je n'étais plus leur fils. Avant, ils me suppliaient de me marier, mais juste après, s'était installé un climat malsain. Finalement, pour me faire du chantage, mon père me disait quelquefois : « Prends ta femme et dégage, je suis chez moi. Ou alors, tu me donnes toute ta paie. » Pourtant, c'est lui aussi qui me disait : « Ne reste pas seul, il faut que tu fasses ta vie. »

Je me retrouvais vraiment dans une situation très difficile, incroyable : devoir choisir entre ma femme et mes parents.

Je me laissais faire, obligé de jouer le jeu. Parfois, pour avoir la paix, je leur annonçais : « Elle est enceinte, c'est bon, il faut juste chercher un prénom. » Quelques mois plus tard, j'inventais une excuse, je disais qu'elle avait fait une fausse couche.

Nous avons eu un autre problème : ma femme ne pouvait plus se rendre chez ses parents, car ils s'étaient fâchés avec elle. Ils n'étaient pas d'accord pour notre mariage, car Djamila est ma cousine. Et surtout, nos parents avaient eu des différends d'héritage : Djamila avait perdu sa maman quand elle avait quinze ans, et son papa s'était remarié, ce qui avait été une catastrophe.

Alors, aussi bien pour mes parents que pour les siens, nous étions devenus indésirables. J'avais donc souhaité trouver un très bon travail, avec un bon salaire, pour pouvoir faire soigner ma femme, avoir des enfants, et nous sortir de cette prison.

Mais Djamila a vécu un enfer avec mes parents. Elle a accouché à la maison, avec l'aide d'une voisine, Melha, et de ma grand-mère. Je peux vous dire que mes parents ont désiré la mort de ma femme. J'ai même reçu plusieurs fois des courriers de menace de mon père : « Trouve une solution pour ta femme, sinon je la mets dehors. »

Par rapport à d'autres parents, les miens me paraissent des gens horribles, sans cœur. Mon père ne parle que d'argent, il n'a aucune valeur morale. C'est hélas la face cachée de la plupart des pères chez nous : ils aiment dominer leurs enfants et les humilier devant leur femme.

Heureusement, ma grand-mère est toujours vivante. Elle m'a défendu comme elle l'a pu. La porte de sa chambre, située tout de suite à l'entrée de la maison, donnait sur l'extérieur. Quand je frappais à la porte de mes parents, ils ne m'ouvraient pas, mais ma grand-mère m'ouvrait sa porte et elle m'accueillait, ce qui ne plaisait pas à mes parents. De temps en temps, elle me donnait un petit billet qu'elle prélevait sur sa modeste retraite. Mes parents profitaient de cette retraite aussi : on lui adressait la parole au début de mois quand elle recevait sa pension pour la perte de son mari, mon grand-père, martyr de la guerre d'Algérie. Elle disait toujours à mon père : « Si ton père était vivant, il t'aurait jeté dehors, car tu ne me respectes pas. »

J'ai vécu dans un environnement égoïste et malsain. Chaque fois que j'avais besoin de quelque chose, mes parents me disaient : « Va demander à ta grand-mère, et dis-nous ce qu'elle a préparé à manger. Et demande-lui de t'acheter ce que tu veux, elle a de l'argent. » Quand j'étais petit, je ne comprenais pas cette attitude.

Ma mère n'avait aucun pouvoir, c'était une femme battue, avec son consentement en quelque sorte, puisque battre sa femme restait quelque chose de banal, et je crois les femmes en avaient pris l'habitude. Elle ne pouvait pas sortir, jamais, sauf pour se rendre à un mariage ou à un enterrement. Elle ne devait pas rester longtemps, sinon elle se ferait battre. En plus, à la maison, c'était toujours des bagarres pour l'argent, pour n'importe quoi.

Les femmes subissent, elles disent qu'elles ne veulent pas quitter leurs enfants. Mais la vérité, c'est que quand la femme quitte la maison de ses parents, ces derniers la considèrent comme morte. Elle n'a pas le droit de divorcer ou de se plaindre. Pour sa famille, le divorce, c'est la honte. Parfois, si un homme va se plaindre auprès de ses beaux-parents, le père lui dit : « Tu n'as qu'à la tuer, je l'enterrerai. » La femme est donc obligée de rester avec son mari à vie. De plus, elle n'a pas le droit d'hériter, sauf dans quelques rares familles où la femme possède ce droit, dans le but d'éviter qu'un étranger accapare les terres de la famille.

Ma tante maternelle est une hypocrite. Sur toute ma vie, je l'ai vue peut-être dix fois, et encore. J'espère que je ne la reverrai plus jamais. Chaque fois que nous allions lui rendre visite, elle provoquait des problèmes graves, nous accusait de vol – une fois, un poignard –, ou de détruire son jardin. Elle ne parlait que de sorcellerie, critiquait toute la famille. Un jour, elle a prétendu que mon grand-père avait mangé « la viande d'un mort ». À chaque visite, il fallait s'attendre à de sérieux ennuis. Si quelqu'un travaillait pour elle, il n'était jamais payé, elle était une profiteuse et une personne ingrate.

Pourtant, elle était la préférée de ma grand-mère maternelle : elle l'aidait beaucoup, et ensemble, elles pratiquaient la sorcellerie avec des produits qu'elles mettaient au feu pour séparer les couples, leur faire avoir des tas d'embêtements. Elles me faisaient peur.

Ma grand-mère maternelle, Fadhma, n'éprouvait aucun amour ou considération pour moi. Je me souviens d'un jour où, encore petit, j'ai trouvé des jouets dans sa cave. Je les ai pris, mais elle me les a aussitôt retirés en me jetant : « Ces jouets, je les cache pour mes futurs petits-enfants. » Je me suis dit : *Et moi, je suis quoi, pour elle ?* Mes oncles étaient encore célibataires, et elle n'avait pas d'autres petits-enfants que moi. La méchanceté de cette grand-mère, je ne l'ai rencontrée nulle part ailleurs.

Plusieurs fois en entrant chez elle, je l'ai trouvée en train de manger, sans qu'elle m'invite. Elle le justifiait en me disant : « Chez vous, vous mangez de bonne heure, je connais votre quartier et vos habitudes. » Comme j'étais très timide et fier aussi, je répondais : « Oui, je n'ai pas faim, j'ai très bien mangé. » Quelquefois, je m'en retournais chez moi le ventre vide et me couchais sans manger.

Dès que j'arrivais chez elle, elle me trouvait quelque chose à faire : aller lui chercher de l'eau (loin), faire une course pour elle à deux kilomètres. À l'époque, mes oncles eux-mêmes ne disaient rien. Je ne sais pas s'ils étaient conscients de ce qui se passait ou pas, ça reste une question pour moi. Mais dès que j'ai commencé à grandir et à comprendre leur attitude, je les ai oubliés carrément, tant j'ai gardé en moi la haine et la colère de mon enfance.

Quand je suis allé à l'école, j'ai entendu des enfants parler de leurs oncles, maternels ou paternels, en expliquant qu'ils leur faisaient des cadeaux. Je me sentais obligé de leur poser des questions indiscrètes, car ce n'était pas pareil chez nous. Nous étions « grillés » des deux côtés. Même au-dehors, ils parlaient mal de nous. Ils ne se rendaient pas compte ? Parfois, je me demande : mais qu'est-ce que c'est que cette famille ? Personne ne porte l'autre dans son cœur, ni entre frères et sœurs, ni entre oncles et cousins, vraiment, c'est bizarre. Nous sommes indésirables des deux côtés, mais le bon Dieu, lui, est de notre côté.

Peu après, le terrorisme a commencé à se déployer en Algérie : avec la peur, les attentats, la cherté de la vie, j'ai alors décidé de quitter le pays, d'autant que j'avais perdu mon travail : notre usine avait été incendiée par un groupe terroriste – ou peut-être par la direction elle-même, qu'en sais-je ?

La chance m'a souri, j'ai obtenu rapidement mon visa. J'ai raconté mon projet à ma grand-mère paternelle, elle m'a soutenu : « Je suis là, ne t'inquiète pas, le bon Dieu est avec toi, en France ou en Algérie. Je prierai toujours pour toi. Allez, fonce, tu trouveras des gens meilleurs. »

L'homme qui m'a hébergé s'appelait Walid. C'était un jeune Algérien, ancien boxeur – deux fois champion d'Algérie –, assez grand, rasé de près et de peau blanche, avec les cheveux longs. Costaud, il avait le nez aplati et des yeux marron. Il se montrait souriant et sympathique, il a été mon sauveur.

En effet, mon ami Rida m'avait promis de m'héberger. Il m'avait dit : « Dès que tu arrives en France, tu m'appelles, je viendrai te chercher. » À mon arrivée à l'aéroport, je l'ai appelé, il m'a indiqué l'adresse d'un restaurant où je devais l'attendre, m'informant qu'il était occupé.

Une fois au restaurant, je l'ai rappelé, plusieurs fois, pas de réponse. Café après café, la nuit a commencé à tomber. Je n'avais nulle part où aller. Je lui ai laissé plusieurs messages : « Allô, Rida, c'est Ahmed, je suis arrivé à la brasserie, je suis à l'intérieur depuis longtemps, réponds-moi, je ne sais pas quoi faire, merci. » Mais il ne m'a jamais rappelé.

Walid était serveur dans ce bistrot, il m'a entendu et il a tout compris. Alors que j'allais sortir pour chercher une chambre d'hôtel, il est venu vers moi :

« Ton ami, il t'a rappelé ?

— Non.

— Où vas-tu aller ?

— Je vais chercher une chambre d'hôtel dans le coin.

— Rentre, pose ton sac dans ma chambre, m'a-t-il proposé, et repose-toi. Je ne peux pas te laisser partir comme ça, je vais t'héberger le temps que tu trouves quelque chose. »

Je lui ai raconté ma situation, il s'est montré triste mais il m'a dit : « Nous sommes tous arrivés comme ça en France, c'est très difficile. J'en ai assez des gens qui promettent des choses et qui ne tiennent pas leurs promesses. Pourtant, c'est facile de dire non ! La même chose que toi m'est arrivée, mais la vie est belle, le monde est vaste. Moi, je n'ai trouvé personne, et j'ai passé plusieurs nuits dans différentes stations de métro. Écoute, j'ai seulement un petit studio, mais tu ne me déranges pas, car je passe parfois la nuit chez ma fiancée. »

Il m'a préparé à manger, nous avons dîné ensemble. Il m'a demandé de patienter jusqu'à la fermeture à 23 heures, puis je l'ai aidé à nettoyer et à fermer.

Et nous voilà au chaud dans son studio. Je me suis couché par terre, entre deux couvertures, et le lendemain matin, il m'a acheté un matelas, un drap et une couverture. J'ai voulu le rembourser, il a refusé de prendre mon argent. « Tu es mon invité, ne t'inquiète pas, je suis là. »

Deux jours plus tard, il m'a trouvé du travail dans une grande surface comme manutentionnaire, j'étais très content, et le travail m'a plu.

Quelques mois ont passé, et Walid a souhaité s'installer avec sa femme, aussi il m'a demandé de trouver un logement en urgence. Il me restait une semaine pour quitter les lieux. J'ai commencé mes recherches, ce n'était pas facile. Un jour, je suis allé acheter une baguette dans la boulangerie de mon quartier, et j'ai vu une petite annonce :

« Dame âgée offre chambre séparée dans un appartement, contre services (courses, et surtout, sortir le chien). Étudiant de préférence. »

J'ai relevé le numéro. Je préférais ne pas l'appeler tout de suite, il était déjà 19 heures, l'hiver, c'est très tard, surtout pour une dame âgée. J'ai donc enregistré le numéro dans mon téléphone et je l'ai aussi noté sur un bout de papier que j'ai bien rangé dans mon portefeuille. J'avais le sentiment d'avoir déjà trouvé la solution à mon problème d'hébergement.

Le lendemain matin, j'ai appelé la dame en question pour la chambre : le numéro n'était pas attribué. J'étais dégoûté. Mais je me suis dit : *Allez, c'est le destin, et de toute façon, elle cherche un étudiant.* Moi, je travaillais dans un magasin d'alimentation en tant que manutentionnaire, les journées étaient vraiment très dures.

Soudain, je me suis dit : *Et si je m'étais trompé de numéro ?* J'ai rouvert mon portefeuille, vérifié le numéro : j'avais oublié un chiffre. Mais il était déjà tard à nouveau, je n'ai pas osé appeler. J'ai dormi profondément cette nuit-là, car l'espoir était revenu d'obtenir cette chambre contre services.

Le lendemain matin, un dimanche, je suis sorti vers 9 heures par un froid de canard, pour aller laver mon linge dans la laverie d'à côté. J'ai préparé mes affaires pour être prêt à partir si je trouvais un endroit où aller. Dans la laverie, une jeune femme m'a appelé : « Hakim ! » Je me suis retourné :

« Désolé, je ne suis pas Hakim.

— Vous lui ressemblez beaucoup, a-t-elle rigolé. Hakim est mon voisin. »

Nous avons échangé un peu, mon tour est arrivé, j'ai mis mon linge dans la machine à laver et pendant que ça tournait, j'ai regardé les passants, histoire de m'occuper. Voilà une petite dame, brune, ronde, bien couverte avec un bonnet noir et blanc, des gants et des lunettes de vue à monture rouge. Elle criait après son chien, qui était agité. Je l'ai abordée : « Il est beau votre chien, madame. Je pense que sa laisse est trop serrée, et que c'est pour ça qu'il est énervé comme ça. » Elle s'est arrêtée, m'a remercié, et nous avons vérifié ensemble : la laisse était bien un peu serrée, et de ce fait, le chien n'était pas à l'aise.

« J'adore les chiens, ai-je dit, j'aimerais bien en avoir un.

— Qu'attendez-vous ? Votre femme n'aime pas les chiens ?

— Malheureusement, moi, je vais bientôt être à la rue. Celui qui m'héberge a trouvé la femme de sa vie. »

Elle a ri, tandis que son chien me donnait des coups de langue et posait ses pattes sur moi.

« Incroyable, m'a-t-elle dit. Monsieur, mon chien vous a déjà adopté. Désolée, je ne peux pas rester parler avec vous longtemps, ce n'est pas votre compagnie qui me déplaît, mais j'ai très froid aux pieds. En revanche, si vous voulez, je vous invite à prendre un café chez moi, j'habite à deux pas de la boulangerie. Notez mon numéro. »

Elle a commencé à égrener les chiffres, pendant que je les tapais sur mon téléphone pour l'appeler et qu'elle enregistre le mien. Et voilà qu'un nom est apparu :

« Waouh, me suis-je exclamé, surpris. Vous êtes la dame qui loue une chambre contre services ? J'ai votre numéro, regardez, j'ai noté "chambre contre services" ! »

Elle était très surprise. J'ai ajouté :

« J'allais vous appeler pour la chambre !

— Eh bien voilà, c'est moi qui vous ai appelé. Alors, venez prendre un café, et on discutera de la chambre. Vous savez, vous ressemblez à mon fils, c'est pour ça que je suis restée à parler un peu avec vous, cher monsieur. Au revoir, à tout à l'heure. »

La dame est partie, je n'ai rien compris, je suis resté là, ému, puis j'ai pensé à ma grand-mère qui m'avait dit : « Même si ta famille n'est pas auprès de toi, tu as toujours le bon Dieu avec toi, ne t'inquiète pas. » À mon retour chez Walid, je l'ai trouvé dans son appartement avec un ami à lui. Il voulait rafraîchir un peu son logement pour l'arrivée de sa femme. Je lui ai donné un coup de main, et je lui ai raconté ma conversation avec la dame. Il m'a dit : « Il ne faut pas croire au père Noël, mon ami. Tu as dû tomber sur une folle. » J'ai insisté, il a continué :

« Arrête de rêver, s'il te plaît. Tu viens d'arriver, tu ne connais pas la mentalité des gens en France. Tu es tombé sur moi par hasard, et tu crois que c'est toujours la fête ?

— Laisse-le rêver, a dit son ami, on ne sait jamais. As-tu oublié que le soleil se lève pour tout le monde ?

— Pardon, Ahmed, a concédé Walid en riant, rêve alors. »

Je comprends vraiment la réaction de Walid : il avait beaucoup de problèmes, il tombait toujours sur des mythomanes, des menteurs, il ne croyait plus en personne ni en rien, sauf en ce qu'il voyait lui-même, comme saint Thomas, tant il s'était fait avoir.

Quelques instants plus tard, la dame m'a appelé : « Bonjour, c'est Marie. Où êtes-vous ? Je vous attends. » J'ai fermé la porte, dévalé l'escalier comme un fou, manquant de trébucher sur le tapis. À mon arrivée devant son immeuble, je l'ai rappelée, elle m'a indiqué le code d'entrée. C'était une grande porte, avec une petite porte au milieu.

Je suis entré, j'ai marché environ cinq mètres sur un tapis rouge dans un large couloir lumineux, et j'ai débouché dans une cour. Sa porte était ouverte, elle habitait dans l'appartement à gauche. Dès qu'elle m'a aperçu, elle m'a ouvert la porte en grand. Son logement était très spacieux : d'abord une petite entrée, avec un miroir, un meuble à chaussures et des chapeaux suspendus, de plusieurs couleurs, avec aussi la photo de la reine d'Angleterre et un petit placard où elle rangeait les produits d'entretien. La lumière de l'entrée était discrète.

Elle m'a mis à l'aise, j'ai enlevé mes chaussures et ma veste, et elle m'a fait entrer dans un grand salon. J'ai ressenti une bonne chaleur – chez Walid, je n'allumais pas le chauffage, l'électricité coûte très cher et je ne voulais pas abuser de sa gentillesse, d'autant plus qu'il n'aimait pas que je lui paye quoi que ce soit.

Rapidement, je me suis senti comme chez moi. Le salon était vaste et comportait, à droite, un canapé trois places marron puis une table basse, et derrière le canapé se dressait une bibliothèque encastrée. Sur la table basse, la dame avait allumé une bougie. Au milieu de la pièce, il y avait une grande table à manger avec quatre chaises, et sur l'une d'elles une pile de magazines et de journaux. Sur la table trônait une rose rose, placée dans un verre d'eau, et d'autres bougies allumées. On aurait dit un sanctuaire.

Marie me parut plutôt désespérée, elle ne pensait qu'à la mort, avec ses bougies allumées partout. Les fenêtres restaient fermées, l'appartement sentait le renfermé. Sur le buffet, on pouvait voir plusieurs photos et un livre : *La Mort douce.*

Elle m'a dit : « Asseyez-vous, je vous en prie, vous êtes mon invité. » Je n'en croyais pas mes oreilles. Qu'est-ce que je faisais ici ? Elle est partie dans la cuisine en disant : « J'arrive, Ahmed. » Quelques minutes plus tard, la revoilà avec du thé et des gâteaux secs.

« Vous voyez, d'habitude, le chien aboie quand il voit un étranger, mais là, avec vous, il n'a même pas bougé, c'est vraiment génial.

— J'adore les chiens, ce sont des amis fidèles. En Algérie, j'en avais deux.

— Ah bon, vous êtes algérien ?

— Oui.

— Moi aussi, mais ça fait des années que je n'y suis pas allée. Mon prénom de naissance, c'est Warda, mais appelez-moi Marie, mon deuxième prénom. Je suis arrivée à Paris à l'âge de huit ans, j'ai été adoptée par mon oncle maternel, Mahmoud, qui ne s'est jamais marié, à cause d'une déception amoureuse. Il avait une blanchisserie à Paris, et plusieurs biens immobiliers. Il était très généreux, très gentil, il m'a donné tout l'amour qu'un oncle peut donner à sa nièce. Pour lui, j'ai été sa fille, et c'est moi qui ai choisi mon deuxième prénom. Finalement, dans le monde, chacun est triste, chacun a ses problèmes, personne n'est content à cent pour cent. »

J'ai aperçu une photo sur le mur et franchement, j'ai cru qu'il s'agissait d'une photo de moi tant la ressemblance était grande, un sosie. J'ai demandé :

« Qui est-ce ?

— C'est mon fils, celui dont je vous ai parlé. Il vous ressemble. Il travaille à Marseille, il a sa vie là-bas. Il vient me voir souvent, presque chaque mois, c'est mon fils unique. Il est ingénieur en électromécanique, je suis très fière de lui. Il a réussi, je vous le présenterai à l'occasion. »

Elle s'est levée. « Suivez-moi, Ahmed. » Elle a ouvert une porte qui donnait sur un petit jardin, il y avait un pommier, et sous l'arbre, une chaise.

« Voilà la chambre séparée de l'appartement, vous pouvez habiter ici dès maintenant. Tenez, les clés, mon fils. Vous avez un badge pour la porte principale, une clé pour la porte du jardin, et une pour le studio, vous seul aurez cette clé, faites attention, ça coûte cher de faire faire des doubles. »

Je n'arrivais pas à y croire, je me sentais vraiment sur un nuage. Nous sommes retournés au salon, avons pris du café, puis elle m'a demandé :

« Parlez-moi de vous, que faites-vous dans la vie ? »

J'ai commencé à lui raconter que j'avais une femme et un nouveau-né après dix ans de mariage. Elle avait les larmes aux yeux. Je lui ai aussi parlé de ma situation irrégulière en France.

« Ahmed, allez chercher vos affaires, m'a-t-elle dit, et quand vous reviendrez, nous dînerons tranquillement. »

J'ai compris qu'elle avait envie de discuter, qu'elle était toujours toute seule. Je suis allé chez Walid, j'ai récupéré mes affaires. Il n'était pas là, je l'ai appelé mais il n'a pas répondu, je lui ai laissé un mot sur la porte du réfrigérateur et ses clés dans la boîte aux lettres.

Puis je suis retourné chez Marie. Elle m'attendait. Pour atteindre la chambre, il fallait monter deux marches. J'ai ouvert la porte sur une grande chambre, très lumineuse, avec un coin cuisine équipé, deux grands placards. La pièce était très bien aménagée, il ne manquait rien. Il y avait là aussi un portrait de la reine d'Angleterre, j'étais aux anges. C'était la première fois depuis mon arrivée en France que j'aurais un peu de confort, car chez Walid, je dormais par terre, son studio était trop petit pour deux. Malgré tout, il ne m'a pas laissé dehors.

Marie m'a aidé à ranger mes affaires, s'étonnant que je n'aie que deux valises. Puis nous sommes allés dîner.

Nous avons très bien mangé, elle m'a expliqué ce qu'elle attendait de moi. J'ai établi un programme pour ne pas la décevoir : je devais sortir le chien le matin et le soir, et faire quelques courses quand elle me le demandait. Elle me donnait une liste des produits qu'elle achetait d'habitude, et me précisait : « Il faut regarder la date, vérifier le ticket de caisse sur place. » Parfois, elle m'accompagnait, ça lui faisait une sortie.

Elle était très respectueuse, elle ne m'a jamais dérangé, elle m'a toujours très bien traité. Les voisins ne posaient pas de questions, ils étaient très discrets et très gentils. J'ai remarqué que Marie avait changé depuis qu'elle m'hébergeait. Elle ouvrait ses fenêtres, s'occupait un peu plus de sa personne, sortait plus souvent. Elle s'est inscrite dans un club pour apprendre à jouer aux échecs, elle s'est métamorphosée. Elle allait de temps en temps chez le coiffeur.

Je ne pouvais qu'être content pour elle, mais je la trouvais toujours très pensive. Elle aimait s'asseoir sous le pommier dans le jardin, à côté de ma chambre.

Mon premier Noël en France, j'étais très curieux de le fêter avec Marie. Le quartier tout entier était décoré de lumières. Marie et moi sommes allés acheter un grand sapin, je l'ai décoré avec elle. Son fils est venu pour passer les fêtes avec sa maman. Quand il m'a vu, il n'en est pas revenu : « Waouh ! On se ressemble beaucoup, tu es mon sosie, maman a raison. Je suis ravi, bienvenue chez nous. »

Je l'ai emmené dans ma chambre, il a vu ma guitare et m'a dit :

« Tu joues de la guitare ?

— Oui. »

Nous avons rapidement sympathisé. Il m'a parlé de son voyage en Algérie, chez un ami à Oran, en m'expliquant qu'il n'avait plus de famille là-bas et qu'il ne connaissait même pas son père, disparu depuis des années car il avait des problèmes d'alcool. On pouvait supposer qu'il était décédé quelque part en France. Il n'avait pas non plus de cousins, d'oncles ou de tantes, personne. Un vrai solitaire.

Nous avons créé des liens d'amitié. De temps en temps, on s'appelait. Quand sa maman ne répondait pas au téléphone, il m'appelait directement, pour être rassuré.

Nous sommes vraiment devenus proches. Chaque fois qu'il rendait visite à sa maman, nous jouions de la guitare, nous chantions ensemble. Parfois, il m'invitait dans son appartement à Marseille, un bon vivant. Un jour, il m'a dit :

« Maman m'a raconté ton histoire, je suis vraiment désolé de ce qui t'arrive. Si je peux faire quelque chose pour toi, je le ferai avec plaisir. Ça fait maintenant un an que tu es chez nous, nous sommes prêts à te donner une belle somme d'argent pour faire venir ta femme et ton fils. Surtout avec ce qui se passe en ce moment en Algérie, c'est une vraie guerre civile, on ne peut pas rester insensible à cette situation dangereuse. Je regarde tous les jours les informations, vraiment, notre pauvre pays est devenu une dictature. La mafia a pris le pouvoir, nous avons perdu notre indépendance. Renseigne-toi sur ce que coûte un visa. On te donnera ce qu'il faut.

— Merci beaucoup pour ta proposition, je vais me renseigner rapidement. »

Marie nous a rejoints.

« Ahmed, c'est la meilleure solution. Tu vas mettre à l'abri ton fils et ta femme, et toi, tu seras tranquille. Tu pourras te concentrer sur ton travail. N'aie pas peur, c'est un cadeau, ce n'est pas un prêt. »

Je les ai remerciés encore pour leur humanité et pour avoir pensé à moi et à mon fils. Ça m'a touché énormément, car mes vrais parents n'auraient jamais fait la même chose. Ils n'avaient pas cette générosité.

J'ai commencé à prendre des renseignements sur l'achat du visa et surtout sur le prix. J'ai demandé à ma femme si l'un de ses frères connaissait quelqu'un qui pouvait nous trouver un intermédiaire sérieux pour l'achat du visa, en Espagne ou en France. Djamila était inquiète. Elle voulait comprendre comment je pourrais payer une somme pareille, alors je lui ai raconté mon histoire avec Marie. Elle était très contente. Je lui ai dit : « Demande à tes frères et tiens-moi au courant. Je te rappelle la semaine prochaine. »

J'ai appelé mon ami Walid, il m'a félicité pour la chambre, je lui ai demandé de me trouver un intermédiaire pour un visa, pour ma femme et mon fils. Il m'a répondu :

« Tu viens d'arriver et déjà, tu as une chambre, un travail. Tu possèdes une bague magique ou quoi ?

— Oui », ai-je dit.

Il m'a demandé comment je pourrais payer une si grosse somme, et je lui ai expliqué :

« Ma propriétaire veut bien m'aider.

— Tu sais, moi, je ne fais jamais d'affaires avec des gens de chez nous, ils n'ont pas de parole, a-t-il dit. Mais si tu as besoin d'autre chose, je suis là. »

Je comprenais qu'il n'aime pas se mêler des affaires d'argent. Je n'oublierai jamais son accueil, il ne m'a pas laissé tomber, et je pense qu'il avait raison de se tenir éloigné de ces affaires.

J'en ai parlé autour de moi, j'ai demandé aux gens que je connaissais, et j'ai attendu leur réponse. La pauvre Marie me demandait très souvent si j'avais trouvé des intermédiaires pour l'achat du visa.

Un jour, ma femme m'a appelé et elle m'a passé son frère, Rafik. C'était un mécanicien plutôt costaud et grand (un mètre quatre-vingts), assez gros, chauve, avec une bouche large, des cheveux et des yeux noirs. Il m'a expliqué qu'il avait un ami dont le travail était de faire des visas. On le surnommait même « M. Visas ». Il m'a dit : « Envoie-moi trente mille francs, soit l'équivalent de cent mille dinars. »

Pour les gagner, il fallait travailler beaucoup, car le salaire en Algérie à l'époque équivalait à deux cents francs. Il m'a rassuré : « Ne t'inquiète pas, dans un mois, ta femme et ton fils seront avec toi, tu peux me faire confiance. Tu sais, ce n'est pas la première fois que j'achète des visas pour quelqu'un. Mais tu dois être très patient, car ce n'est pas moi directement qui vais délivrer les documents. Il y a plusieurs intermédiaires. Je ferai tout mon possible. N'oublie pas qu'il s'agit de ma sœur. Et puis, tu es mon cousin. »

Nous nous sommes mis d'accord. À mon arrivée chez Marie, je lui ai indiqué la somme à payer, elle m'a dit :

« Tu les auras demain. Qu'est-ce que c'est, trente mille francs ? C'est rien. L'essentiel, c'est que tu sois avec ta petite famille.

— Ce n'est pas mon beau-frère qui va délivrer le visa, il y a plusieurs intermédiaires, je redoute une arnaque.

— Rien de grave. Si tu te fais arnaquer, ce n'est pas la fin du monde. On doit quand même essayer, qui ne tente rien n'a rien. On doit aller jusqu'au bout. Franchement, trente mille francs, ce n'est pas beaucoup pour moi. Demain matin, je vais à la banque, et je retire la somme demandée. »

J'ai appelé Hakim pour l'informer, il était déjà au courant. Il m'a dit : « Fonce, nous sommes avec toi. »

J'ai envoyé la somme d'argent par le biais de quelqu'un qui se rendait en Algérie. Deux jours après, mon beau-frère, Rafik, avait reçu l'argent. Il a pris les passeports de ma femme et de mon fils et les a remis à son ami, M. Visas. Ma femme était très contente, elle m'a dit : « Dans deux mois maximum, je serai là-bas. »

J'ai acheté un lit pour mon bébé, et un lit deux places pour nous. Marie m'a donné des draps, de la vaisselle, tout ce qu'il faut. Chaque fois qu'elle faisait des courses dans les grands magasins, elle m'achetait quelque chose pour la maison. J'étais heureux de l'avoir à mes côtés, elle était mon ange gardien. Je faisais tout ce que je pouvais pour elle, au moins pour lui rendre la vie facile, je faisais très attention pour ne pas la perdre, garder de bonnes relations avec elle.

Souvent, j'appelais ma femme et son frère, Rafik, mais pas de nouvelles. Le temps passait, j'ai commencé à perdre espoir. L'intermédiaire français qui délivrait les visas était malade, remplacé par une autre personne qui ne rendait pas de services. Marie était dégoûtée, elle trouvait le temps long. Comment d'un mois était-on passé à six mois ?

Contre toute attente, un jour, ma femme m'a appelé, très contente : « Ça y est, j'ai eu les visas, j'arrive dans une semaine maximum. » Je lui ai envoyé de l'argent pour acheter les billets d'avion, et j'ai annoncé la bonne nouvelle à Marie, qui a été surprise.

Une semaine plus tard, le matin de bonne heure, nous avons pris le chemin de l'aéroport. Marie, malgré sa fatigue, a tenu à m'accompagner pour les accueillir.

Nous sommes arrivés à l'aéroport d'Orly avec deux heures d'avance pour éviter d'être bloqués dans les bouchons. Nous nous sommes dirigés directement vers la zone des arrivées, Orly sud, et nous nous sommes assis juste en face de la porte de sortie des passagers en provenance du Maghreb. Nous n'avons pas quitté la porte des yeux. Chaque fois, nous nous disions : « C'est eux ! » Mais non. Jusqu'au soir, pas de nouvelles.

J'ai demandé à un monsieur, il m'a dit :

« Aujourd'hui, à l'aéroport d'Alger, il y a eu beaucoup d'arrestations, ils ont démantelé un vaste réseau de trafic de visas vers la France, c'est pour cela qu'il y a eu autant de retard. »

J'ai soudain eu mal à la tête, le ciel venait de me tomber dessus. J'ai regardé Marie, elle a compris. Nous sommes remontés dans la voiture.

J'ai essayé de joindre ma femme, malheureusement, ça ne sonnait même pas. J'avais plusieurs hypothèses en tête : soit ils avaient été arrêtés à l'aéroport, soit égorgés par des terroristes, ou ils avaient eu un accident grave de circulation – les accidents de la circulation tuaient plus que le terrorisme en Algérie. J'ai allumé France Info, et c'était vrai : un important réseau de trafic de visas avait été démantelé.

Quelques heures plus tard, Rafik, mon beau-frère, m'a confirmé la catastrophe. Mais ma femme et mon fils étaient en sécurité. Djamila avait été auditionnée, elle avait refusé de répondre à leurs questions pour protéger son frère. Ils l'avaient relâchée à cause du bébé, sinon, ils l'auraient placée en garde à vue. Elle était toujours en état de choc et ne pouvait pas me parler.

Marie et moi sommes rentrés à la maison.

Sur le chemin du retour, Marie m'a dit : « Écoute, ce n'est pas la fin du monde, trouve une autre solution. » Elle était déterminée et voulait vraiment m'aider. Malgré cet échec, elle tenait à essayer autre chose, elle m'a remonté le moral rapidement.

L'essentiel était que nous ayons fait ce qu'il fallait. Maintenant, il fallait penser à un plan B. Nous ne devions pas baisser les bras. Elle m'a vraiment encouragé. Pourtant, ce n'était pas le courage qui me manquait, mais je n'avais pas envie de perdre encore du temps. Je devais me montrer réaliste : j'étais père de famille, je devais adopter un comportement de bon père de famille, mon fils grandissait vite, il ne m'avait jamais vu, c'était vraiment très dur. La meilleure solution, celle qui ne me coûterait rien, serait de retourner chez moi, malgré la guerre civile en cours. Je ferais un maximum d'économies et je rentrerais chez moi.

C'était une décision très dure à prendre, mais c'était la meilleure. Je n'aurais pas besoin de papiers, pas de loyer à payer, je serais auprès de ma famille et de ma grand-mère. Et pour le travail, j'essaierais d'ouvrir une petite boutique, ce serait suffisant pour moi.

J'en ai parlé à Marie, je lui ai expliqué que je rentrerais en Algérie dans quelques mois. Elle m'a dit : « Réfléchis bien, ne prends pas de décision trop vite, le pays est en guerre. Actuellement, tu as un bon poste de travail, il faut que tu fasses venir ta femme et ton fils. Baisser les bras n'est pas une solution. Si tu as besoin d'argent, je suis là. »

Je l'ai remerciée de tout cœur, mais on ne pouvait rien faire avec de l'argent dans ma situation.

Hakim a appris la mauvaise nouvelle et m'a aussitôt appelé pour me réconforter. Marie lui avait tout raconté. Lui aussi m'a proposé de me donner de l'argent, si jamais je tombais sur quelqu'un qui pourrait me procurer un vrai visa. Je l'ai remercié, mais je lui ai expliqué que la meilleure solution pour moi était de retourner en Algérie. Il était contre, et m'a dit : « Attention, réfléchis bien. Aux informations, ils montrent des massacres en Algérie, surtout dans ta région. Tu dois trouver une autre solution pour faire venir ta femme et ton fils. »

Il confirmait les dires de sa maman.

Un jour, Hakim m'a appelé pour que je lui rende un service. Sa maman était très fatiguée, et comme je lui ressemblais beaucoup, il voulait que je me rende au bureau de poste avec sa pièce d'identité pour retirer un courrier recommandé à son nom. J'y suis allé sans attendre et j'ai récupéré son courrier, en signant à sa place, le plus normalement du monde. Quand je l'ai rappelé, il n'en revenait pas. « Tu m'as sauvé la vie », m'a-t-il dit.

Une autre fois, il est parti en vacances et je suis allé chez le médecin à sa place pour obtenir un arrêt maladie. Je pouvais me faire passer pour Hakim sans aucun problème.

Un soir, je n'arrivais pas à m'endormir, comme si quelqu'un me chuchotait à l'oreille : « Et si tu partais en Algérie voir ta famille sous l'identité d'Hakim ? » J'étais envahi par cette idée qui n'a plus quitté mon esprit. J'ai passé plusieurs jours à y réfléchir, mais j'avais peur de la réaction de Marie et d'Hakim, je ne pensais pas qu'ils pourraient accepter cette solution, malgré leur volonté sincère de m'aider. Mais je devais quand même essayer, je n'avais rien à perdre. Puisque j'avais pu aller chercher le courrier recommandé et passer voir le médecin à sa place, il n'y avait pas de raison pour que je ne puisse pas me rendre en Algérie sous son nom. Il me suffirait de partir avec le passeport d'Hakim, et dès mon arrivée en Algérie, d'utiliser mes pièces d'identité algériennes. Ce serait facile et passerait comme une lettre à la poste.

Dans mon quartier d'origine, personne n'était au courant que j'étais en France, mes parents disaient à mes connaissances qui demandaient de mes nouvelles que je me trouvais à Oran chez ma tante pour le travail, car l'usine où je travaillais auparavant avait brûlé. Tout le monde était au chômage, dont de nombreux pères de famille, c'était une catastrophe pour ce petit village maintenant désert. Les commerces fermaient l'un après l'autre, les rues restaient vides, les machines et appareils encore intacts dans l'usine avaient été volés.

Comme d'habitude, chaque fois que je rentrais chez Marie, je la trouvais assise sous le pommier, sur sa belle chaise en bois. Elle était très triste, ce jour-là, elle pleurait. Quand elle m'a vu, elle a été effrayée : elle ne s'attendait pas à ce que je rentre de bonne heure.

Je suis resté avec elle pour lui tenir compagnie, et je lui ai demandé pourquoi elle pleurait. Elle m'a dit : « Non, je ne pleure pas, j'ai seulement quelque chose dans l'œil, peut-être de la poussière. » Je suis allé préparer deux cafés dans ma chambre, et j'ai dit : « J'ai remarqué que vous aimez rester sous ce pommier, plusieurs fois je vous y ai trouvée, souvent triste, en train de pleurer. » Elle a changé de sujet aussitôt, et j'ai compris qu'elle ne voulait pas m'en parler. Je pense qu'elle craignait de m'ennuyer avec ses problèmes.

« Alors, as-tu trouvé une solution pour ton fils et ta femme ? a-t-elle demandé.

— Oui.

— C'est génial, que vas-tu faire ?

— Je ne peux pas vous le dire, je préfère en parler quand Hakim sera là. Ce n'est pas une chose facile, mais c'est la meilleure solution, ça fait longtemps que je réfléchis à ce plan B.

— S'il te plaît, Ahmed, explique-moi tout.

— Vous voulez vraiment m'aider ? ai-je demandé.

— Tu en doutes ?

— Non, je n'ai aucun doute, mais cette solution est très délicate. Ce n'est pas une question de visa ni d'argent.

— Allez, dis-le-moi, s'il te plaît.

— Si ça ne vous plaît pas, vous ne vous fâcherez pas ?

— Je te donne ma parole que je ne me fâcherai jamais contre toi, tu es mon deuxième fils. »

La nuit était tombée, nous sommes rentrés dans son appartement. Tout en préparant le dîner, elle a insisté : « Lâche-toi, Ahmed, je n'aime pas le suspense. Je te jure que je ne me fâcherai pas. »

Elle s'est assise en face de moi, à la grande table dans le salon. Elle m'a servi la soupe qu'elle avait préparée elle-même, délicieuse, et elle a mangé en me regardant d'un air inquiet. À la fin du repas, je lui ai expliqué mon plan B. Elle a vivement réagi :

« Ahmed, si tu veux jouer avec le feu, pas moi, ni mon fils. Ça s'appelle une usurpation d'identité, ce que tu veux faire, c'est réprimé par la loi. On va tous les trois aller en prison, si tu fais ça. Je ne te laisserai jamais utiliser les papiers de mon fils, c'est hors de question ! Tu es vraiment un monstre ! Tu commences à prendre de l'assurance, ici. Je te demande d'oublier cette histoire. À partir d'aujourd'hui, débrouille-toi tout seul !

— Ne vous énervez pas, calmez-vous, je vous avais prévenue, il ne faut pas que vous vous fâchiez.

— Comment ça, ne pas me fâcher ? Tu vas nous créer de gros problèmes avec tes idées ! Je suis issue d'une grande famille, sérieuse et honnête. »

Elle s'est levée et m'a dit simplement, très froidement : « Bonne nuit, Ahmed. »

Je n'avais jamais vu Marie dans cet état, elle était absolument furieuse. Elle a claqué la porte très fort derrière elle, en parlant toute seule. Je lui ai souhaité une bonne nuit, je ne sais pas si elle m'a entendu.

J'ai passé toute la nuit à penser à la bêtise que je venais de faire. *Je n'aurais jamais dû lui faire cette proposition*, me disais-je, *je n'aurais pas dû aborder ce sujet avec elle.*

Je perdrais la chambre et l'amitié, mais d'un autre côté, c'est aussi très bien de ne pas vivre dans ses rêves. Je devais retourner chez moi, c'est tout. Toutes ces histoires, ce n'était pas mon truc. Et si je mourais, je ne serais pas le premier. Ça ne sert à rien de forcer le destin et de mettre les gens en danger. Je devais faire ma valise et me casser de ce pays.

Le lendemain, j'ai appelé Hakim, il était au courant. Il m'a dit :

« Tu te crois dans un film ? Tu dois ouvrir les yeux bien grand : tu vas tous nous faire jeter en prison !

— S'il y a un problème, tu n'auras qu'à déclarer ton passeport volé, c'est tout. Vous ne serez pas complices, seulement les victimes d'une usurpation d'identité.

— Écoute, je ne peux pas continuer cette discussion intéressante avec toi, je suis au travail. Je passerai le week-end prochain, on parlera de tout cela. Je te rapporterai le Code pénal, pour te montrer combien risquent l'usurpateur et son complice. »

Quelque temps plus tard, Hakim m'a appelé. Il était avec Marie, et quand ils m'ont vu, ils avaient l'air contents, ce que j'ai trouvé bizarre, je me demandais pourquoi ils étaient heureux de me voir alors que récemment, j'étais plutôt passé pour une mauvaise personne.

Marie était revenue à son état habituel. Elle m'a présenté des excuses pour ce qui s'était passé la dernière fois. Elle avait préparé du thé et une tarte aux pommes délicieuse. Hakim m'a dit :

« Ahmed, nous avons réfléchi pendant des jours à ta proposition. Nous ne l'acceptons pas, malgré toute la confiance que nous t'accordons. Mais nous restons de ton côté, si tu trouves une autre solution à ton problème. Nous irons au bout pour t'aider.

— Je vous remercie beaucoup, ai-je répondu. Je ne doute pas une minute de votre confiance à mon égard, vous m'avez beaucoup aidé, Dieu vous le rendra un jour. Mais moi, j'ai pris ma décision de rentrer en Algérie. »

Marie m'a regardé puis elle a regardé Hakim :

« Ce n'est pas une bonne décision, a-t-elle dit. Tu vas gâcher ta vie. Ici, tu as un travail, un logement et la paix. Tu n'auras pas tout cela là-bas !

— Je comprends très bien. Mais mon fils va avoir bientôt trois ans, il ne m'a jamais vu.

— Je te comprends, Ahmed, a repris Marie, mais réfléchis encore.

— Dans deux jours, je prends mes affaires et je pars à 5 heures du matin. Vous trouverez les clés dans la boîte aux lettres. »

Ils m'ont regardé tous les deux, m'ont souhaité bon voyage. J'ai ajouté : « Hakim, je te laisse ma guitare en souvenir. » Il était triste, le pauvre, mais ce n'était pas grave. Et je n'avais malheureusement pas d'autre solution.

Quand je suis sorti pour me rendre dans ma chambre, Hakim m'a suivi :

« Je passe la nuit avec toi, j'ai besoin de te parler

— Avec plaisir. »

Il voulait être sûr que je pourrais voyager avec son passeport, et que j'étais capable d'exécuter mon plan B. Je lui ai expliqué comment j'allais procéder, je lui ai prouvé qu'il ne risquait rien, que s'il y avait un problème, il porterait plainte pour le vol de ses papiers d'identité, en me désignant puisque j'étais hébergé chez eux. Et s'il avait besoin de voyager, il lui restait son passeport français. Il m'écoutait avec une très grande attention, plutôt impressionné.

Mais je ne pouvais rien faire sans l'accord de Marie. Il m'a dit :

« Ne t'inquiète pas. Maman, elle t'aime comme son fils. C'est moi qui avais le plus peur de nous deux. Mais maintenant, c'est bon, j'ai un très bon pressentiment, je sens que tout ira pour le mieux, pour toi et ta famille, et pour nous aussi. Nous n'avons rien à perdre. Demain, je parlerai à nouveau avec maman. Viens dîner chez nous demain soir, on réglera ça une fois pour toutes. »

Il a posé un matelas par terre et s'est allongé, les jambes croisées. Il fumait une cigarette derrière l'autre, la chambre était pleine de fumée.

Il m'a parlé de son père disparu depuis des années, sans plus aucune nouvelle, ce qu'on appelle une disparition inquiétante.

« Il a été un papa très sévère, qui ne s'entendait pas avec maman. Il la battait et lui prenait tout son argent. Avant, il habitait dans ce studio, après s'être séparé de maman. Mais un jour, on n'a plus eu de ses nouvelles. Nous l'avons cherché partout, partout dans les rues, les commissariats, les hôpitaux, nous avons annoncé sa disparition dans les journaux, mais rien. Personne ne se souvient de l'avoir vu, il s'est vaporisé dans la nature, comme s'il n'avait jamais existé. Je ne le connais qu'en photo. »

Son père lui manquait beaucoup. Marie, en revanche, ne m'avait jamais parlé de lui. Il avait dû lui faire beaucoup de misères.

Le lendemain, Hakim m'a fait venir chez sa maman, elle avait besoin de moi. Quand je suis arrivé, j'ai trouvé une Marie très fatiguée, assise sur le canapé. Elle regardait la télévision.

« Assieds-toi, Ahmed, m'a-t-elle dit, comment vas-tu ? Tu sais, nous acceptons ta proposition. Après réflexion, nous pensons que tu as raison. Tu es vraiment intelligent et très courageux, j'apprécie ces qualités. Nous te faisons une confiance totale, tu es comme mon fils. J'ai demandé à Hakim de faire modifier son passeport. Il va donner tes photos, tu dois seulement porter ses lunettes. Il a pris rendez-vous au consulat d'Algérie. »

Je suis allé chez le photographe où j'ai fait faire des photos d'identité avec les lunettes d'Hakim. De belles photos, une ressemblance flagrante : un vrai sosie.

Maintenant, il me restait à convaincre ma femme de divorcer dans un premier temps puis, une fois le divorce prononcé, de se remarier avec moi, mais sous le nom d'Hakim. Je ne savais pas comment elle allait réagir à ce plan compliqué, elle n'avait pas l'habitude de ce genre de situation. Ismaël, mon fils, avait déjà fêté sa troisième année. J'ai appelé Djamila et lui ai tout expliqué, mais elle ne m'a pas cru. Elle m'a dit :

« Tu veux juste divorcer pour te remarier là-bas, avec une Française. Tu es en train de te faire des films et d'inventer des choses incroyables. Tu ne manques pas d'imagination ! Si tu ne veux plus de moi, tu demandes le divorce, un point c'est tout. Comment pourrais-tu venir ici et retourner en France alors que tu es en situation irrégulière ? »

J'ai essayé de lui parler en arabe, pour que les gens ne comprennent pas notre conversation, mais elle ne captait rien et elle a commencé à crier et à pleurer. J'ai raccroché. Je me suis dit : je la laisse réfléchir à tout cela. Si je voulais divorcer, je ne lui demanderais pas son avis. Mais sa réaction se comprenait parfaitement : de nombreux Algériens laissaient famille et enfants au pays et en faisaient d'autres à l'étranger.

Avant, c'était même une sorte de mode, et tout le monde avait entendu parler de ces histoires. Probablement aussi, son entourage avait dû lui dire : « Ton mari t'a abandonnée, il ne reviendra jamais. En France, on peut vivre avec une femme sans être marié. »

Je ne savais pas quoi faire, mais je me suis dit que le temps ferait bien les choses.

Un jour, elle m'a appelé :

« Dis-moi la vérité, s'il te plaît, je ne comprends rien à cette histoire. Jure-moi que ce n'est pas une blague. Je veux bien te croire, mais vraiment, je n'ai jamais pensé qu'une histoire pareille m'arriverait. J'en ai marre. »

Je l'ai rassurée : « Sois tranquille, personne n'écoute notre discussion. » Il y a en effet beaucoup de curieux et de jaloux, surtout dans notre entourage. Enfin, je lui ai passé Marie au téléphone, convaincu qu'entre femmes, elles se comprendraient. Après sa conversation avec Marie, elle a repris ses esprits. Il ne me restait plus qu'à préparer ma valise et retourner voir ma famille. J'ai fait promettre à ma femme : « Ne dis à personne que je viens. Comme on ne pourra pas divorcer dans notre mairie sans que ça se sache, on déménagera d'abord. J'ai déjà trouvé un appartement pas loin de chez ta sœur, très loin de notre département d'origine. »

J'ai contacté un avocat, qui m'avait été recommandé par une connaissance, et il m'a expliqué la procédure à suivre.

Le jour du départ en Algérie était arrivé. Pour éviter les problèmes, j'avais choisi de partir en bateau, parce que les contrôles n'y sont pas aussi stricts qu'à l'aéroport. Et puis, le voyage est moins cher.

J'ai pris le TGV à la gare de Lyon, une très jolie gare, surtout de l'extérieur, le passeport et la pièce d'identité d'Hakim en poche. J'avais laissé mon passeport dans ma chambre, par peur de le perdre ou, en cas de fouille, que les autorités le trouvent. J'étais devenu un peu paranoïaque, je regardais devant moi, derrière, je transpirais déjà dans le TGV, mon cœur battait fort. Je ne me sentais vraiment pas bien, très stressé, je tremblais.

Un petit monsieur, assis en face de moi, avait avec lui un petit chien, dans une petite cage. Me voyant fébrile, il m'a demandé :

« Que vous arrive-t-il, monsieur ?

— Je crois que j'ai mangé quelque chose de pas frais.

— Faites attention à ce que vous mangez ! De nos jours, on nous vend n'importe quoi. »

Petit à petit, en discutant avec lui, ma peur s'en est allée, je l'ai oubliée. Nous avons parlé de tout et de rien, puis le monsieur est descendu à Avignon, où il allait voir sa fille.

Rapidement, le train a atteint la gare de Marseille-Saint-Charles, et quand je suis sorti du train, j'ai vu sur le quai un grand nombre de policiers avec des chiens. Je me suis dit : adieu l'Algérie !

Mais finalement, tout s'est bien passé, il s'agissait de simples contrôles de routine. J'ai commencé à descendre vers le quai de la Joliette, et j'ai respiré l'odeur de la mer Méditerranée.

Parfois, j'avais l'impression de ne plus respirer à cause du stress et de la peur. Plus j'avançais, plus le stress augmentait. Je n'ai pas osé prendre un café de peur d'être encore plus énervé, j'avais des nausées, un goût d'eau de Javel dans la bouche.

Je me suis regardé dans une vitrine, j'étais très pâle. Je suis entré dans une brasserie, j'ai demandé un verre d'eau, tout en vérifiant si les gens me regardaient. Quelques minutes plus tard, des policiers sont entrés. J'ai complète-ment paniqué. Ils se sont attablés à côté de moi, j'ai eu envie de me lever, mais j'ai eu peur, je croyais qu'ils étaient venus m'arrêter.

En fait, ils parlaient de leur travail et des procédures judiciaires, je pense qu'ils travaillaient dans le port. Ils ont bu leur café et sont partis. Je me suis dit : finalement, voilà, ils sont partis, personne ne me suit ni ne me connaît. Je n'ai rien fait, je suis Hakim, et c'est bon. Je suis Hakim, oui. J'ai commandé un café.

Une fois bu, j'avais oublié ma peur, et j'ai foncé vers le quai. Sur place, il fallait attendre. Soudain, quelqu'un m'a appelé :

« Eh ! salut, Ahmed, comment vas-tu ?

— Ça va bien, ai-je dit. Mais… désolé, on ne se connaît pas. »

Il a essayé de me rafraîchir la mémoire, il m'a parlé du lycée, m'a cité les noms de nos camarades, je lui ai dit : « Désolé. » Son ami lui a dit : « Dans la vie, chaque être humain a quarante sosies. »

J'ai pu enfin me débarrasser de lui, je me suis dit : *C'est fou d'être tombé sur lui. Si j'avais eu besoin de lui, je ne l'aurais jamais retrouvé dans cette foule. Maintenant, je suis Hakim, je n'ai besoin de personne.*

Mais la peur est revenue. J'ai pensé : *Puisque mon ancien camarade de classe m'a reconnu malgré les années écoulées, je suis dans le pétrin.*

Je regardais les douaniers et les policiers dans les yeux. Et mon tour est arrivé. Je suis tombé sur un moustachu, maigre, il avait l'air en manque de sommeil. Il m'a observé, puis a étudié mon passeport et m'a dit : « Bon voyage, et bon séjour. »

Le voyageur qui était derrière a été arrêté. Je l'ai entendu crier, mais je n'avais pas envie de me retourner. J'ai passé tous les contrôles sans problème, je surveillais les faits et gestes de tout le monde dans le port de

Marseille. Mais bien que nous soyons contrôlés trois fois de suite, Dieu merci, j'ai pu monter sans difficulté sur le bateau. À l'intérieur, en terrasse, j'ai admiré le beau paysage de Marseille, les Calanques, les très jolies montagnes. Et sentir l'odeur de la mer. Je voyais les voyageurs en voiture qui avançaient lentement, chargés comme des mulets.

Dans ma tête, je me répétais : *Je suis Hakim, je ne dois pas me retourner.* Quand j'entendais le prénom d'Ahmed, même si j'étais bien au chaud à l'intérieur, j'avais des sueurs froides. J'avais mal aux yeux à cause des lunettes d'Hakim, mais j'ai résisté, je ne les enlèverais que dans la cabine, je n'avais pas le choix, je devais faire très attention. Il y avait des agents de la police civile partout — en tout cas, je les voyais partout. J'avais tellement peur que j'en devenais paranoïaque.

Mon téléphone a sonné, c'était Marie, avec sa petite voix. « Parle en arabe, s'il te plaît », lui ai-je demandé. Puis je l'ai rassurée, je lui ai dit que j'étais bien sur le bateau, elle a poussé un soupir de soulagement. Elle a dit :

« J'espère que tu arriveras sain et sauf. Passe le bonjour à ta femme et à ton fils. Et désolée pour ce matin, je dormais, je n'ai pas pu me lever pour te souhaiter bon voyage. Pour l'argent, ne t'inquiète pas, je peux t'en envoyer si jamais tu en as besoin. »

Quel soulagement d'être tombé sur des gens qui avaient le cœur sur la main !

Hakim ne m'a même pas appelé, il me faisait une confiance totale. Pour lui, c'était même devenu un jeu, il m'avait dit :

« Un jour, je voyagerai avec ton passeport !

— Mon passeport ne t'amènerait nulle part, il n'a pas de visa. »

Il avait ri.

« Si tu réussis ce plan, je te tire mon chapeau. Je suis déjà stressé à ta place.

— *Inch'Allah.* »

Il avait ri de nouveau.

La corne du bateau a retenti trois fois pour annoncer le départ imminent vers Alger. Je savais qu'une fois le bateau parti, il serait trop tard pour faire marche arrière.

Les montagnes de Marseille s'éloignaient, la peur aussi, la fièvre avait baissé. Je suis entré dans ma cabine, très propre. Sur la porte, on avait marqué avec un feutre « Aller sans retour », ça devait être un jeune qui avait quitté l'Algérie et ne voulait plus y retourner. Il n'y avait aucun avenir pour les jeunes là-bas. Quand on a croisé des corps décapités, comment peut-on penser à revenir dans son cher pays ?

Le commandant de bord a émis un appel à destination des voyageurs en cabine, pour le déjeuner. J'avais très faim, mais j'avais peur de sortir. Toutefois, la faim a été plus difficile à supporter que la peur. Je suis allé rapidement au restaurant, et je me suis fait des sandwichs pour éviter de rester trop longtemps et pour ne pas avoir à ressortir le soir : je redoutais de rencontrer de nouveau mon camarade de lycée ou une autre personne qui m'aurait reconnu.

Le soir, nous avons participé aux exercices de sécurité avec l'équipage du bateau, c'était vraiment intéressant, j'assistais pour la première fois à ce type d'exercice. On ne devrait jamais avoir peur en bateau, tous les moyens de secours et de sauvetage sont prévus, le personnel est vraiment très professionnel, et la technologie au top.

La mer est restée calme toute la nuit. J'étais tellement fatigué que je me suis endormi d'un sommeil doux. J'ai été réveillé par l'appel pour le petit déjeuner. Je suis monté et dans la salle, je me suis regardé dans la glace : *oups !* j'avais oublié de mettre mes fausses lunettes de vue. Question d'habitude. J'ai tout laissé en plan et j'ai couru les chercher, puis je suis revenu terminer mon petit déjeuner. Un vieux monsieur est venu me demander de lui remplir ses papiers, c'était un voisin d'un autre quartier, mais il ne m'a pas reconnu. Cela m'a rassuré pour le débarquement.

J'étais content, je me sentais vraiment Hakim. Le vieil homme m'a proposé de conduire sa voiture, car il n'avait pas l'habitude de rouler dans Alger, j'ai accepté aussitôt, ça me faciliterait le trajet jusque chez moi.

Les bureaux sur le bateau pour effectuer les formalités administratives ont ouvert : assurance, permis de conduire, formalités pour les gens qui voyageaient avec leur véhicule… La ville d'Alger est apparue au loin, et une heure plus tard, le bateau a accosté dans le port. Les douaniers ont contrôlé rapidement nos passeports sans que nous ayons à descendre du véhicule, car ils avaient un grand respect pour les personnes âgées. Je considère les douaniers d'Alger comme très professionnels, contrairement aux agents des douanes des autres *willayas*.

Sur le chemin vers chez nous, je lui ai dit :

« Alors *aami*[1] Mouh, vous ne m'avez pas reconnu ? Je suis Ahmed, le fils de Rachid.

---

[1] Terme de respect envers les hommes âgés.

— Pardon, mon fils, je ne reconnais pas les jeunes. Ma vue n'est plus ce qu'elle était. »

J'ai caché le passeport d'Hakim dans ma valise, et j'ai sorti ma pièce d'identité algérienne, en ressentant un grand soulagement : une étape de franchie. Avec les barrages des militaires partout, on aurait dit Beyrouth.

Nous nous sommes arrêtés pour prendre un café, et j'ai profité de l'occasion pour téléphoner à Marie, à Hakim et à mon épouse, ils ont tous été très contents.

Arrivé à la maison, ce sont mes parents et ma femme qui m'ont ouvert la porte, mais je n'ai pas vu ma grand-mère, c'était bizarre. Ma mère m'a dit :

« Entre, repose-toi, on va te raconter, pour ta grand-mère. Elle est hospitalisée à la suite de nombreuses fractures aux bras et aux jambes. Elle est tombée dans l'escalier. Puisque tu n'as pas de papiers, nous avons décidé, avec son accord, de ne pas t'ajouter ce souci. »

J'étais dégoûté, mais bon. Il y avait, malheureusement, de nombreux jeunes dans mon cas. Lorsqu'un décès se produisait dans leur famille, ils ne pouvaient pas rentrer dans leur pays, puisque s'ils le faisaient, ils ne pourraient plus revenir en France. Ce n'est pas une chose facile. Une personne en situation irrégulière souffre plus que d'autres personnes.

Je suis parti directement à l'hôpital, et j'ai trouvé ma grand-mère dans une chambre avec trois autres patientes. Elle avait maigri et ne pouvait plus tenir sur ses pieds, mais son moral restait bon. Quand elle m'a vu, elle a crié :

« Ahmed, que fais-tu là, pourquoi es-tu venu ? Qui t'a appelé ? »

Je l'ai rassurée, lui ai expliqué que j'étais arrivé au bon moment par hasard, que je n'avais pas été mis au courant de son accident. J'ai dit aussi que je pouvais rentrer en France sans problème. Elle m'a dit qu'elle était hospitalisée depuis vingt jours, qu'elle préférait rester à l'hôpital, car à la maison, personne ne s'occuperait d'elle. J'ai demandé :

« Même pas ma femme ?

— Non, elle a le petit, je ne voulais pas lui ajouter du travail. Rassure-toi, je suis très bien ici. »

J'ai demandé à voir le médecin, il m'a dit :

« Elle sortira dans dix jours. Elle commence à se rétablir, mais il y a un problème dont je voulais vous parler. Venez dans mon bureau. Votre grand-mère prend-elle des somnifères ?

— Non, jamais.

— Nous lui avons fait une prise de sang juste après son admission aux urgences, le taux de somnifères dans son sang était très élevé. Si ce n'est pas elle qui les a pris, alors peut-être que quelqu'un les lui a fait prendre à son insu. En tout cas, les policiers sont au courant, nous attendons d'autres analyses de sang. Nous soupçonnons vos parents, sans certitude, ce n'est qu'une hypothèse. Je suis désolé de vous apprendre ça. C'est pour cela qu'on va la garder là, le temps d'obtenir les résultats des analyses. »

Je me suis tout de suite demandé qui avait intérêt à supprimer ma grand-mère. Même si mes parents se montraient durs avec elle, jamais je n'aurais imaginé les voir atteindre un tel stade, il devait y avoir une erreur. Je suis retourné chez moi, ma femme préparait ses valises pour notre déménagement dans une autre ville (pour divorcer en cachette et lancer mon plan B).

Dès mon arrivée devant la porte, j'ai été accueilli par trois gendarmes qui m'ont demandé de décliner mon identité, ce que j'ai fait aussitôt. J'avais très peur. Devant la porte attendaient un grand fourgon vert et blanc et un 4 × 4, ainsi qu'une autre voiture, plus petite. J'ai tout de suite pensé à ma nouvelle identité. Ils m'ont menotté durement et m'ont jeté dans le fourgon sous les yeux de ma femme et de mon fils. Les gendarmes étaient costauds et très méchants. Une arrestation très musclée.

J'ai été conduit dans un commissariat au bout d'environ une heure de route, et j'ai été placé en garde à vue. Au bout du compte, on m'a expliqué que j'étais recherché pour le service militaire. J'ai demandé à ma femme de patienter, de rester tranquille, je lui ai promis que je reviendrais dès que j'aurais réglé ce problème. Le gouvernement rappelait même ceux qui avaient déjà effectué leur service militaire, tellement il fallait sécuriser l'Algérie et ses frontières avec plusieurs pays à risque – Mali, Tunisie, Libye, Niger, Maroc.

Ils m'ont demandé, en criant très fort :

« Où étiez-vous caché, pendant cette période ?

— L'usine où je travaillais a brûlé, j'ai voyagé pour chercher du travail, pour nourrir ma famille. Je n'ai rien fait de mal. »

J'avais peur de faire le service militaire, car le pays était en guerre civile. Il y avait même des policiers qui abandonnaient leur poste. On m'a dit :

« Vous serez jugé et vous ferez votre service militaire comme tous vos frères algériens. »

J'ai dit oui, mais je ne le pensais pas. « Je suis là, je veux bien servir mon pays. » Ils m'ont fait passer une visite médicale, avec une femme médecin très sévère qui m'a posé des questions, j'ai dit : « Je suis apte, je ne suis jamais tombé malade. »

Un peu plus tard, j'ai parlé avec un jeune qui se trouvait dans la même cellule que moi. Je lui ai raconté ma situation familiale, et il m'a dit :

« Si tu veux, je te donne une astuce, et tu seras exempté du service militaire, c'est sûr.

— D'accord, avec plaisir.

— Es-tu courageux ?

— Oui.

— Alors, tu leur dis que tu ne retiens pas tes urines, que tu urines dans ton lit, sans pouvoir te contrôler, sans t'en rendre compte. S'ils te demandent depuis quand, tu leur réponds : "Depuis toujours." S'ils te demandent si tu as vu un médecin, tu leur dis : "J'ai honte." Tu expliques aussi que tes parents t'ont emmené voir des marabouts, car ils pensaient que c'était peut-être le mauvais œil. Mais tu dois commencer ici, dans la cellule. »

J'ai réfléchi à son stratagème, et j'ai trouvé que c'était la seule solution : je ne connaissais personne qui pourrait m'aider à sortir de cet enfer – je ne tenais pas à passer quatre ans au service militaire.

J'ai donc commencé à uriner au lit, dans ma cellule. C'était très dur, mais bon. Un gardien est venu, il m'a sorti de ma cellule et m'a dirigé vers un médecin, la même femme qui m'avait fait passer la visite le premier jour.

« Pourquoi avez-vous uriné ? m'a-t-elle demandé. Parce que vous avez peur ?

— Non, je n'ai pas peur, je suis malade, j'ai le mauvais œil depuis ma naissance.

— Avez-vous vu un médecin ?

— Non, mais j'ai vu des marabouts, et j'essaie de ne pas boire d'eau.

— Pourquoi ne pas être allé voir le médecin ?

— J'ai honte, je ne peux pas.

— Je vous donne une lettre, ne l'ouvrez pas. Vous la remettrez au médecin de la caserne quand vous serez transféré. »

Trois jours plus tard, j'ai été envoyé dans une caserne de transit. Sur place, il y avait des milliers de jeunes, issus de toutes les régions d'Algérie, qui attendaient leur transfert vers une autre caserne où ils feraient leur service militaire. Nous dormions par terre, faute de place, nous étions vraiment très peu informés, et traités comme du bétail.

J'ai bien sûr continué dans ma stratégie : je m'urinais dessus, et au lit. Quelques jeunes se moquaient, d'autres me souhaitaient un bon rétablissement.

J'ai été convoqué par un haut gradé, médecin de la caserne, un Blanc plutôt gros et de petite taille. Il m'a dit :

« On m'a informé que vous avez uriné dans votre lit, vous n'avez pas honte ? »

J'ai baissé les yeux pour montrer que j'avais honte, et je lui ai remis la lettre du médecin.

« Pourquoi ne pas m'avoir remis cette lettre dès votre arrivée ?

— J'ai trop honte. »

Il a murmuré dans sa barbe, puis m'a demandé :

« Comment avez-vous fait vos études ? Et vous croyez aux marabouts et à la sorcellerie ?

— Je crois à ce que me disent mes parents, et j'ai honte d'aller voir le médecin.

— Aïe, aïe, aïe ! »

Il a chanté : « *Yalil, y a lil yalili* », puis a dit :

« Écoutez, Ahmed, je vous redonne la lettre, vous la redonnerez après votre transfert pour une contre-visite. Mais attention, il ne faut pas l'ouvrir. »

J'ai donc continué à m'uriner dessus jour et nuit.

J'ai téléphoné à ma femme pour l'informer de ma stratégie, elle a vraiment attrapé un fou rire. J'ai ajouté : « En cas d'enquête, tu leur expliques que j'ai vu des marabouts. »

Dix jours ont passé, puis ils m'ont transféré dans une autre caserne dans le Sahara : debout, sales, dans un avion militaire vétuste, aux sièges déchirés, tous les câbles électriques apparents, dans un bruit immense. Nous étions près de cent vingt appelés.

L'avion a enfin atterri, après trois heures de vol, de terreur. Il n'y avait que cette caserne, au beau milieu du désert. À notre arrivée, nous avons dû faire la queue pour les démarches administratives. J'ai remis la lettre du médecin, et tout de suite, ils m'ont dirigé chez le médecin du camp, pour une contre-visite médicale. Un médecin en tenue militaire, je n'en avais jamais vu. Il m'a ausculté et m'a demandé :

« Avez-vous une maladie ?

— Oui. »

Il a lu la lettre de son confrère, puis :

« Je vous conseille d'aller voir un médecin en ville et de vous faire soigner. La médecine a beaucoup évolué, il ne faut pas avoir honte. C'est une maladie comme toutes les autres maladies. Je vous donne une nouvelle lettre, vous allez rentrer chez vous en urgence, rencontrer un médecin du centre de recrutement pour le service militaire à Constantine. Vous partirez ce soir, dans l'avion vers Alger, et normalement, vous serez exempté du service militaire. Pensez à consulter un spécialiste, ne restez pas comme ça. Je ne comprends pas pourquoi vous avez été envoyé chez nous. »

À l'hôpital militaire de Constantine, il m'a fallu attendre trois heures pour voir le médecin, mais finalement, tout s'est très bien passé. Il m'a exempté du service militaire, m'a remis un document pour pouvoir circuler, parce que mon nom se trouvait toujours dans le fichier national, un petit papier disant :

« Ahmed est exempté du service militaire. »

Un grand soulagement ! J'ai pris la direction de ma maison, j'avais hâte de revoir ma femme et mon fils, et de les prendre dans mes bras.

À mon retour, mes parents sont restés indifférents. Aucune question, rien, on n'aurait jamais dit que j'avais été embarqué par les gendarmes. Ma grand-mère était rentrée, elle avait bien récupéré. Je lui ai posé des questions, lui ai demandé si quelqu'un lui apportait à manger, elle m'a dit :

« Oui, c'est ta femme, souvent, qui m'apporte mes repas. »

Je ne voulais pas lui révéler qu'on la droguait et qu'elle avait perdu le contrôle et était tombée en sortant de sa chambre pour cette raison. Mais je suis resté perplexe : et si c'était ma femme qui la droguait ?

Un peu plus tard, nous avons pris la route, ma femme, mon fils et moi, et nous avons roulé pendant six heures. J'avais trouvé un appartement près de chez ma belle-sœur aînée, Samia. Elle était veuve, avec deux enfants de dix-huit et vingt-cinq ans, l'appartement était grand, avec une chambre pour les parents et une pour le bébé. J'ai fait des courses, visité un peu la ville. J'ai repéré le tribunal, où nous déposerions notre demande de divorce à l'amiable.

J'avais remarqué que ma femme était devenue très pieuse, plus qu'avant. Elle ne voulait plus aucune photo, aucun cadre à la maison, elle écoutait plus souvent la lecture du Coran. Elle ne regardait plus la télévision, et ne s'intéressait plus à rien. Mais bon.

J'ai contacté mon avocat, qui est venu et nous a fait signer des papiers. Dans deux jours, nous passerions devant le juge pour l'audience de conciliation.

Le jour du rendez-vous au tribunal est arrivé. Nous nous sommes présentés, avons confirmé notre souhait de divorcer, la juge nous a dit : « Vous êtes divorcés. » Il ne restait plus qu'à attendre le jugement de divorce, puis le divorce serait notifié, inscrit sur notre acte de naissance. J'espérais que cette notification ne tomberait pas sous les yeux de ma famille – normalement, c'est personnel.

J'étais très content, tout s'était bien passé, ma femme semblait contente dans cette petite ville. Elle aurait tout ce qu'elle voulait, car sa sœur habitait juste à côté. Pour que je puisse me remarier avec ma femme sous une autre identité, je devais attendre de recevoir le jugement de divorce.

Mon avocat m'a alors fait une proposition : en payant 30 000 dinars à un intermédiaire, j'obtiendrais le jugement de divorce plus rapidement. J'ai aussitôt appelé Marie, qui a été très contente d'entendre ma voix. Je lui ai demandé de me prêter un peu d'argent pour « l'achat » de mon jugement de divorce. Il suffisait qu'elle remette l'argent à une personne à Paris, et moi, je le récupérerais ici, en dinars. Aussitôt dit, aussitôt fait. Le jour même, j'ai recontacté mon avocat et lui ai remis cette somme d'argent très importante. Cinq jours plus tard, j'ai reçu le jugement de divorce : Djamila et moi allions pouvoir nous remarier.

Nous avons mis ma belle-sœur au courant, elle a trouvé que c'était une très belle chose et la seule solution possible. Elle m'a dit :

« Je vous soutiens pleinement. Avec la situation économique, sociale actuelle de notre pays, les problèmes de sécurité… l'essentiel est de partir, quelle que soit la manière. »

Elle a été un grand appui pour nous. Samia était une femme très discrète, vraiment compréhensive. Elle avait fait des études de médecine, et avait exercé plusieurs années à l'hôpital. Elle était désormais en retraite anticipée, à la suite du décès de son mari, et elle s'occupait de ses deux enfants. L'aîné allait à la fac de médecine et le plus jeune au lycée.

Le mari de Samia avait été victime du terrorisme aveugle. Professeur de médecine, il avait été assassiné dans sa voiture. J'ai discuté avec Samia au sujet du changement de sa sœur, mais elle m'a rassuré : « Moi aussi, je l'ai remarquée, cette radicalisation. Mais ça va lui passer. »

Le lendemain, je devais rentrer en France, par bateau, toujours dans la peau d'Hakim. Ce serait très dur, mais *inch'Allah*, tout se passerait sans problème. J'ai passé la nuit chez ma grand-mère, elle en a été très contente. Elle m'a installé un matelas par terre, un drap et une couverture, et nous avons parlé de tout et de rien. Je lui ai tout de même déconseillé d'accepter la nourriture de qui que ce

soit, puis elle a prié beaucoup pour moi. Elle m'a dit :
« Dieu est avec toi, ne t'inquiète pas. »

Au matin, direction le port d'Alger. J'ai mis mes lunettes de vue. Nous étions cinq passagers dans le taxi pour Alger, notre identité a été contrôlée à plus de cinq reprises. Le chauffeur de taxi était triste et fatigué, il n'a rien dit à part « bonjour ». Pourtant, d'habitude, les chauffeurs de taxi sont bavards.

Il nous a déposés devant le port en nous disant : « Faites attention à vous. Ce matin, j'ai vu un cadavre devant le bureau de poste. Je ne suis pas bien, veuillez m'excuser pour mon accueil. »

Chaque jour se produisaient des règlements de comptes, tout le monde avait peur, personne n'avait confiance ni en sa famille ni en ses amis. Il ne fallait jamais parler politique, on ne savait pas à qui on s'adressait. Dans une même famille, on pouvait trouver un frère terroriste et un autre policier. Aussi, il ne fallait jamais donner son point de vue ou prendre la moindre position. Nous devions rester neutres.

L'odeur de la mer, le bruit des voitures, la sirène de la police et des pompiers, l'Algérie se réveillait. Nous devions attendre dehors, la police était partout, il y avait aussi un barrage de police fixe.

Le port d'Alger était coloré de blanc et de bleu, et les grilles étaient vertes. On apercevait des balises partout, visant à empêcher les kamikazes et les voitures-béliers.

J'ai fait la queue, comme tous les voyageurs, puis fouille des bagages et palpation, passeport à la main. Un policier m'a regardé et m'a dit : « Bon voyage, monsieur Hakim. » Je l'ai remercié, en ajoutant : « Bon courage, mon frère. » Ce mot lui a fait plaisir.

J'avais peur, j'étais stressé, franchement, j'ai souffert, mais en silence. Quand je suis entré dans le bâtiment pour ensuite monter sur le bateau, je suis tombé sur le même policier, alors je suis passé facilement, sans aucun problème.

Une fois sur le bateau, je me suis dirigé directement vers ma cabine, où j'ai déposé ma valise, puis je suis monté jusqu'à la terrasse pour voir la ville d'Alger. En regardant la gare, les beaux bâtiments, la casbah, j'ai eu les larmes aux yeux. L'image de ma famille, de ma femme, de mon fils, de mes parents, de ma grand-mère, est revenue d'un coup à ma mémoire.

Soudain, nous avons entendu des coups de feu. Nous nous sommes précipités à l'intérieur du bateau. Je suis rentré dans ma cabine et me suis allongé. Je redoutais que le voyage soit annulé, mais juste après, j'ai entendu un de mes voisins de cabine, qui parlait à voix forte, expliquer qu'il y avait eu une fusillade devant le barrage de police, qu'un jeune avait tiré sur les policiers. Je ne me sentais pas tranquille, heureusement que j'étais déjà sur le bateau. Quand j'ai entendu la corne du bateau, j'ai été vraiment soulagé.

Je suis remonté au restaurant pour y boire un café, et je suis tombé sur un monsieur d'une quarantaine d'années, un Blanc assez petit, aux cheveux châtains avec un long nez aplati et de petits yeux marron. Je l'ai questionné sur la fusillade, il m'a dit : « Le pays est dans le chaos. » Il était inspecteur de police, en banlieue d'Alger, et s'appelait Saïd. Son objectif était, avec son épouse et sa petite fille de trois ans, d'aller en France non pas pour faire du tourisme, mais pour y rester, pour de bon. Il voulait fuir le terrorisme, il était menacé de mort : il avait trouvé dans sa voiture de fonction des lettres de menace et des photos du cadavre de son collègue Moussa.

Moussa avait été assassiné une semaine plus tôt. Son collègue laissait derrière lui cinq enfants en bas âge, et sa femme avait été grièvement blessée. Saïd avait très peur pour lui-même et pour sa famille. Son collègue Moussa avait été tué par un autre collègue qui avait rejoint les terroristes au maquis — pour rejoindre le front, être accepté, il fallait commettre un acte violent, se salir les mains.

Ce n'était pas une mince affaire : il régnait une totale confusion entre les vrais et les faux policiers. Saïd avait un ami à Lille qui lui avait proposé de l'héberger, il ferait une demande d'asile politique, comme des milliers d'Algériens à cette époque. Il avait vendu sa voiture et l'or de sa femme pour pouvoir acheter leurs visas pour la France. Son salaire ne suffisait que tout juste à nourrir sa petite famille, ses parents avaient déménagé dans une autre région, loin de la banlieue d'Alger, pour éviter qu'on s'en prenne à eux.

Il m'a dit :

« Regarde-moi bien, j'ai quarante-cinq ans, je n'ai rien, ni argent, ni maison, ni voiture, je vais tout reprendre de zéro. J'ai vu des choses que tu ne pourrais même pas imaginer, même pas dans un film d'horreur. Ces gens-là sont des fous, ils n'ont pas de cœur. Pires que des cannibales. Moi, je n'y comprends rien, ils coupent des têtes, égorgent des familles entières, enfants, bébés, vieux, ils ne font pas la différence. Ils tuent des innocents. Et cela pour rien ! »

Il m'effrayait tellement que mes jambes en tremblaient, je ne pouvais pas rester sur place, aussi je lui ai proposé de faire un tour en terrasse, pour voir la mer.

« Parle doucement, m'a-t-il ordonné. Ils peuvent être partout. Tu sais, en Algérie, tu ne peux même pas en parler, même pas avec ton médecin traitant. Il faut que tu sois discret à cent pour cent. Personne ne sait que je suis un policier dans le quartier. Même à l'école de ma fille, personne ne sait que je suis un policier. »

Sur la terrasse, un jeune homme nous a rejoints. Il se trouvait presque dans le même cas que Saïd, mais lui avait une tumeur au cerveau. C'était vraiment triste. Il n'avait même pas trente ans, il partait en France dans le but de s'y faire soigner.

Le peuple algérien se sentait perdu comme un troupeau sans berger. Quand je voyais tous ces gens malheureux, je me disais : « Finalement, je ne suis pas si mal que ça. » Ces hommes éprouvaient toutefois beaucoup d'espoir, bien que sans papiers. Pour eux, ce n'était pas un problème, ils désiraient seulement vivre dans une Algérie où on pourrait circuler sans regarder tout le temps derrière soi, sans avoir peur de sortir la nuit, où le matin de bonne heure, les gens pourraient dormir dehors. Ils voulaient seulement se sentir en sécurité dans leur pays.

Mais à l'époque, on ne savait pas qui tuait qui, le consulat de France à Alger était débordé, les gens passaient des nuits entières là-bas pour pouvoir déposer leur dossier de demande de visa. Des milliers d'Algériens voulaient fuir l'insécurité. N'oublions pas non plus les familles, les jeunes qui passaient par la Turquie pour gagner la Grèce puis la France, toutes catégories sociales confondues (médecins, ingénieurs, cadres, professeurs) et toutes générations mêlées.

D'autres en profitaient pour se faire de l'argent. Certains achetaient les maisons à petit prix, parfois en se faisant passer pour des terroristes afin de faire fuir les gens de leur terre ou de leur logement. Après ça, la personne bazardait sa maison pour trois fois rien. Il régnait un climat désolant, on croisait de nombreuses veuves, beaucoup d'orphelins. La plupart des passagers ne feraient qu'un aller sans retour. Il fallait voir leur soulagement quand ils montaient sur le bateau, leur joie.

Pendant tout le trajet, Saïd et moi avons parlé sans pouvoir fermer les yeux de la nuit, tellement Saïd avait besoin de vider son sac. Il avait un grand nombre d'histoires à raconter, il était vraiment triste. Il m'a détaillé ses journées dans le commissariat et sur les scènes de crime. Il avait réchappé plusieurs fois à des attentats.

« Tu as de la chance, m'a-t-il dit, tu as des papiers. » Je lui ai souri sans répondre, je n'avais pas envie de divulguer ma vraie identité à quiconque, personne ne devait savoir.

Nous avons bien mangé, je n'étais même pas retourné dans ma cabine et je me sentais très fatigué. Je me levais seulement pour boire de l'eau, parfois je ne savais même pas où j'étais tant j'étais épuisé.

Le jour a commencé à se lever, je voyais au loin les montagnes de Marseille. Toutes mes économies avaient fondu. Heureusement, j'avais déjà acheté mon billet de retour sur le TGV Marseille-Paris.

Le bateau a accosté, la peur régnait toujours dans mon ventre. J'ai quitté le navire rapidement, dans le stress. Malgré les fouilles minutieuses, deux contrôles, je suis passé sans souci : j'étais le vrai Hakim. Je suis monté à pied jusqu'à la gare de Marseille-Saint-Charles. Je traînais ma valise tant j'étais fatigué, j'avais sommeil, et je me suis trompé de chemin.

À mon arrivée à la gare, je n'avais pas un sou pour prendre un café, aussi j'ai fait des allers-retours sur le quai. Tout à coup, j'ai aperçu une pièce de dix francs ! Eh bien, c'est la fête ! J'ai récupéré la pièce et me suis dirigé vers le bistrot de la gare, où j'ai commandé un café. Et voilà Saïd qui me faisait signe de le rejoindre. Il était attablé au fond du bar. Je l'ai rejoint et il m'a demandé mes coordonnées pour le jour où, peut-être, il descendrait à Paris pour y chercher du travail. Je ne sais pas pourquoi, je lui ai donné un faux numéro. Il était inspecteur de police, j'ai eu peur qu'il me dénonce, on ne sait jamais. Nous vivions dans un monde pourri.

Le train est arrivé, je suis monté, j'ai pris une place côté fenêtre pour admirer les beaux paysages, mais je me suis endormi. Quand je me suis réveillé, le train entrait en gare de Lyon.

Une fois chez moi, j'ai trouvé Marie qui m'attendait. Elle était vraiment contente de me voir. Je lui avais rapporté de l'huile d'olive, du miel et une robe traditionnelle. Elle était impatiente que je lui raconte mon aventure, elle se sentait très fière de moi : « J'ai un héros à la maison ! » Je lui ai raconté mes aventures du service militaire, mon déménagement, et l'empoisonnement de ma grand-mère.

Elle m'a préparé un délicieux repas, une table bien garnie, nous avons mangé ensemble. Elle avait vraiment envie de discuter :

« As-tu apporté des photos de ton fils, Ismaël ?

— Oui, bien sûr. »

Elle en a choisi une qu'elle a glissée dans un cadre, qu'elle a ensuite accroché au mur.

« Hakim vient demain spécialement pour te voir, il est aussi fier de toi que moi. »

Je l'ai remerciée pour l'argent qu'elle m'avait prêté. « Ce n'est pas un prêt, a-t-elle précisé, c'est un cadeau. »

Comme j'avais vraiment besoin d'argent, je devais retourner à mon travail. Mais tout à coup, alors que je m'y rendais, j'ai reçu un coup de téléphone de Marie :

« Tu dois venir tout de suite, c'est urgent ! Viens vite, je suis dans la cave, je ne peux plus sortir ! La trappe s'est refermée, impossible de l'ouvrir de l'intérieur !

— La cave ?

— Oui, dans la cave.

— Mais je ne savais pas que vous aviez une cave ! », ai-je ajouté en riant.

Une fois sur place, elle m'a guidé par téléphone : dans sa chambre, au fond, j'ai vu une trappe de visite, je l'ai soulevée et j'ai découvert des escaliers bien raides, difficiles d'accès.

« Je suis là, Ahmed. »

J'ai pris les escaliers et l'ai trouvée au sol. Je l'ai aidée à se relever, puis, avec difficulté, je l'ai remontée dans sa chambre. Heureusement, elle n'était pas blessée. Elle a dit : « J'ai besoin de quelque chose que j'ai laissé dans la cave. Malheureusement, il n'y a plus de lumière en bas, et j'ai oublié où j'ai caché cet objet. »

J'ai replacé le tapis sur la trappe de visite puis la table de nuit sur le tapis, comme Marie me l'a demandé. Puis elle a ajouté :

« Je vais tout te raconter. Tu m'as sauvé la vie. Heureusement que tu as les clés de l'appartement. » Elle avait eu plus de peur que de mal. « Quand je suis arrivée d'Algérie, a-t-elle repris, j'avais avec moi un cartable noir, que j'avais rapporté de là-bas. »

Le lendemain matin, je suis descendu dans la cave. J'ai appuyé sur l'interrupteur, pas de lumière. Je l'ai réparée, Marie était là avec la lampe torche, elle tremblait. Elle me paraissait très nerveuse. Elle m'a dit : « Ahmed, s'il te plaît, laisse tomber, on fera ça un autre jour. Je ne suis pas bien. » J'ai refermé la trappe de visite et j'ai remis le tapis et la table de nuit à leur place.

Elle m'a regardé droit dans les yeux et m'a dit : « Je sais que je peux compter sur toi. Mais si mon fils le savait, je te tuerais. C'est un secret que je garde depuis plusieurs années. J'ai un autre secret à te révéler, après. »

Je l'ai rassurée, mais j'étais inquiet, j'ignorais bien quel pouvait être ce secret.

Hakim est venu me voir. Émerveillé, il m'a dit : « Vraiment, je te tire mon chapeau ! Comment elle va, ta famille ? Et le petit Ismaël ? »

Je lui ai raconté l'histoire du service militaire et la stratégie que j'ai adoptée afin de m'en sortir, il a beaucoup ri. J'ai ajouté : « Je dois retourner là-bas pour le mariage avec ma femme, sous son identité.

— Je n'ai pas changé d'avis, m'a-t-il rassuré. Je suis fier de toi, je suis avec toi. Fonce, tu as les papiers, fais ce que tu veux. Tu m'as montré de quoi tu es capable, pour moi, c'est bon. Je suis tranquille avec toi, et ma mère aussi. Elle a beaucoup pensé et parlé de toi, tu sais. Moi, je n'ai qu'une parole. »

Marie a hoché la tête pour valider les dires de son fils.

J'ai appelé mon patron, il s'est dit d'accord pour que je reprenne mon travail : j'avais demandé une semaine et j'étais parti presque un mois et dix jours. Mon patron était un Français d'origine bretonne, il possédait plusieurs magasins dans Paris et la région parisienne. Il me faisait confiance et m'estimait, car quand il me donnait un travail à faire, je le faisais sans problème. J'étais un employé modèle, jamais de retard ni d'absence injustifiée. Il m'avait officiellement déclaré, sachant pourtant que j'étais en situation irrégulière. Je ne l'avais pas oublié, et lui avais rapporté un petit souvenir d'Algérie.

Quand je suis arrivé au travail, j'ai trouvé un message à l'accueil : je devais monter le voir avant de commencer. Je me suis demandé s'il n'avait pas changé d'avis et décidé de me licencier, car j'étais resté longtemps en Algérie.

J'ai grimpé les escaliers, j'ai ouvert la porte, je me suis dirigé vers son bureau. Il m'attendait. Il m'a serré la main très fort. « Ahmed, asseyez-vous. Comment va votre famille ? Vous êtes bien bronzé, il a fait très beau, alors ? J'espère que vous êtes en forme. J'ai une proposition à vous faire. »

Le sourire m'est revenu aussitôt, je n'allais pas perdre mon travail. Car sans travail, je ne pourrais pas faire venir ma femme et mon fils, ni subvenir à leurs besoins. Il a continué : « À partir d'aujourd'hui, vous allez travailler comme caissier. Vous serez d'abord en formation avec Daniel. » J'ai accepté sans réfléchir, c'était moins fatigant que la manutention.

Je pensais toujours à la cave et aux confidences que Marie voulait me faire. Cette cave m'effrayait un peu, je me demandais pourquoi Marie en avait caché l'existence à son fils. J'avais hâte de le savoir.

À mon retour du travail, j'ai aperçu Marie sous le pommier, triste comme d'habitude. Elle m'a invité à prendre un café avec elle, puis je suis retourné dans la cave. À l'intérieur, c'était immense. J'ai allumé la lumière, ai découvert de nombreux placards. Au sol traînaient des souris mortes, probablement de faim et de froid. Marie m'a précisé : « Je cherche un cartable de couleur noire, que j'ai rapporté d'Algérie. » Cela revenait à chercher une aiguille dans une botte de foin : cette cave n'avait pas été visitée depuis l'arrivée de Marie en France.

« Mon oncle m'a interdit de parler de l'Algérie, par peur des services de renseignements algériens, a commencé Marie, car ils voulaient exterminer toute ma famille. Ils ont tué mes parents, et ils ont maquillé leur crime barbare en accident d'avion. Juste après l'indépendance de l'Algérie, la mafia a pris le pouvoir et a tué tous les opposants, tous les gens qui aimaient leur patrie. Mahmoud, mon oncle, paix à son âme, était tout pour moi. Il est décédé il y a dix ans maintenant. Si je te racontais sa vie, tu pourrais en écrire des livres. Ma sœur et mon frère étaient restés avec ma tante maternelle en Algérie. Pour cette raison, je ne les ai pas cherchés, par peur des services de renseignements. Même si les gouvernements changeaient, la peur était toujours dans ma tête.

» Avec mon oncle, nous avions beaucoup de travail. J'avais de grandes responsabilités, je gérais toute seule la blanchisserie et la société immobilière. Mon oncle avait des biens partout en Europe et aux États-Unis d'Amérique, il était un grand homme d'affaires. Il est mort d'une longue maladie. Peut-être qu'un jour, j'irai chercher ma sœur et mon frère, mais ce n'est pas pour tout de suite.

» Dans ce cartable noir, il y a toutes les photos de mes parents, de ma petite sœur, et de mon frère, Malik. Je n'ai jamais parlé de mon histoire à Hakim, car je n'ai plus le courage d'en parler, tellement c'est triste. Je n'avais pas envie de le choquer avec mon passé, j'attendais qu'il soit grand et mûr pour lui raconter mon histoire. Je pense que c'est le moment. Hakim me questionne souvent sur ses origines en Algérie, je lui réponds que je ne me souviens de rien, que je n'y ai plus personne, pas de sœur, pas de frère. Maintenant, je veux prendre mon courage à deux mains et lui révéler la vérité. Je ne les ai jamais recherchés, mais je les porte dans mon cœur. »

J'ai fini par dénicher le cartable, mais Marie m'a demandé de le laisser dans la cave. Ce n'était pas le moment, son fils allait arriver d'un instant à l'autre.

Quelques mois plus tard, Marie m'a appelé pour me demander de lui remonter le mystérieux cartable noir. Je suis descendu à la cave, j'ai rapporté le cartable, il était lourd. Marie tremblait et pleurait comme un bébé.

J'ai déposé le cartable sur la table. Je l'ai nettoyé pour lui enlever la poussière et les odeurs d'humidité, j'ai essayé de l'ouvrir, la serrure s'est arrachée toute seule. J'ai ouvert le cartable et j'ai commencé à le vider.

Il contenait : deux petites poupées, ses jouets de l'époque, un doudou, une brosse à dents, la photo de mariage de ses parents, des photos d'elle avec son frère et sa sœur, des photos de ses grands-parents maternels et paternels. Tout était très bien conservé. Son père avait été pilote d'avion militaire, sa maman professeure à l'université d'Alger. Ils avaient été assassinés par la mafia lorsque celle-ci avait pris le pouvoir en Algérie.

Marie était triste, mais soulagée. « Aujourd'hui, tu connais presque tous les secrets de toute la famille. Mais ne dis rien à Hakim, je trouverai l'occasion de lui montrer tout ça. »

Le temps de mettre en œuvre mon plan B était arrivé. J'ai posé un congé d'une semaine, juste ce qu'il faut pour un mariage civil.

Comme pour mon premier voyage, j'ai opté pour le bateau, du fait des contrôles de papiers moins stricts que dans les aéroports. Marie est venue avec moi, toute contente et un peu stressée en même temps, pour assister à mon mariage avec ma femme, mais sous l'identité de son fils. Le divorce était validé, mentionné sur nos actes de naissance respectifs, tous les deux nous étions prêts à dire oui devant le maire.

Cela faisait quasiment soixante ans que Marie n'avait pas remis les pieds dans son pays, l'Algérie (mais elle avait visité plusieurs fois le Maroc et la Tunisie).

J'ai prévenu ma femme afin qu'elle prépare une chambre pour Marie, elle était contente. Sa sœur, Samia, avait hâte elle aussi de nous voir. Marie avait tenu à assister à mon mariage pour lever tous les doutes éventuels sur mon identité. Elle était vraiment courageuse.

Un mariage civil, en Algérie, durait au maximum dix minutes. Après vérification des papiers et signature des mariés et des témoins, on vous délivrait l'acte de mariage en arabe et en français, ainsi qu'un livret de famille. Le mariage n'était pas publié comme en France, et la cérémonie religieuse n'était pas obligatoire.

Une fois à Marseille pour le grand départ, j'ai mis mes lunettes pour ressembler le plus possible à Hakim, et j'ai dit à Marie : « Vous ne devez pas parler avec d'autres gens, sinon vous risquez de faire des erreurs. Vous devez oublier le prénom Ahmed. Appelez-moi Hakim. » Elle a ri, elle était contente de participer à cette aventure, elle était dans tous ses états. Nous nous sommes arrêtés pour prendre un café pas loin du port de Marseille, il faisait très beau.

L'heure d'embarquement est arrivée, nous sommes passés en priorité sans faire la queue, car Marie avait mal à la jambe. Le policier s'est montré très compréhensif, c'était vraiment pratique. Je me sentais très serein, et en forme.

Quand le bateau a démarré, nous étions sur la terrasse en train d'admirer les beaux paysages de Marseille. C'était la première fois que Marie voyageait par bateau, elle avait un peu peur de se noyer : « On va se faire manger par les poissons ! », a-t-elle dit. Elle m'a vraiment fait rire, avec ses histoires. Elle se souvenait très bien de la maison où elle était née, elle avait envie que nous allions y jeter un coup d'œil après le mariage. Peut-être retrouverait-elle la trace de sa sœur ou de son frère, on ne sait jamais. Peut-être avait-elle des nièces et des neveux.

La mer restait très calme, la nourriture était délicieuse, et nous voilà au port d'Alger. Marie a mis un foulard sur sa tête pour passer pour une simple Algérienne d'Algérie et éviter ainsi, autant que possible, les terroristes (à l'époque, le voile était devenu presque obligatoire, et les étrangers représentaient des cibles privilégiées). J'ai expliqué à Marie où nous irions, lui ai rappelé que nous devions nous montrer discrets, ne sortir qu'à bon escient, qu'elle devait porter le voile et la robe islamiques tout le temps jusqu'à notre retour en France.

J'ai loué une voiture pour que nous restions libres de nos mouvements et aussi pour éviter de rester trop longtemps en contact avec qui que ce soit. Je ne faisais confiance à personne. Depuis le port d'Alger jusqu'à mon nouveau domicile, nous avons roulé quasiment quatre heures sans arrêt, pour ne pas avoir à nous déplacer la nuit, dans le noir. Comme d'habitude, il y avait des barrages de l'armée et de la police partout, mais ils ne nous ont pas arrêtés : Marie était mon ange gardien.

Arrivés à la maison, ce fut la fête. J'ai retrouvé ma femme amaigrie, fatiguée, je lui ai dit : « Il ne reste pas grand-chose pour régler ce problème. » Mon fils m'a regardé et a détourné la tête : il ne se souvenait pas de moi. Il m'observait quand je ne le voyais pas, il était un peu timide. Il m'avait beaucoup manqué. Je n'aurais jamais cru avoir un jour un garçon, tant nous avions galéré pour l'avoir. Je l'ai serré dans mes bras, ce fut un moment très fort.

Marie a rapidement sympathisé avec ma femme et sa sœur, elles se sont lancées dans une discussion interminable.

Nous avons fait une petite réunion pour bien organiser le mariage. J'ai donné des consignes : il ne fallait pas dire aux voisins que nous venions de France, mais de Blida.

À la mairie, le mariage devait se dérouler dans un petit bureau, on ne nous a même pas invités à nous asseoir. Les agents ont vérifié nos papiers, nous avons signé l'acte de mariage dans les deux langues. Il fallait à présent attendre deux jours pour le récupérer, avec le livret de famille lui aussi en français et en arabe.

Nous sommes montés dans la voiture comme des voleurs. Marie m'a regardé et m'a dit : « Maintenant, c'est fait, notre mission est accomplie. Demain, nous irons à la recherche de ma famille, et peut-être que nous retrouverons leur trace. »

Ma femme a préparé un bon couscous, nous nous sommes bien régalés, et avons passé la nuit à bavarder. Djamila nous a raconté son aventure à l'aéroport d'Alger avec son faux visa. Dieu merci, elle avait été bien traitée. Elle n'avait pas été la seule, ce jour-là : plus de quatre-vingts personnes avaient été arrêtées avec de faux visas.

Le matin, nous sommes partis de bonne heure pour aller chercher la famille de Marie. L'idéal était de sortir à 7 heures du matin et d'être rentrés au plus tard à 18 heures, pour éviter de tomber sur un faux barrage, tenu par des terroristes.

Deux heures plus tard, Marie commençait à reconnaître quelques lieux qui n'avaient pas changé, car c'était une petite ville de style colonial. Soudain, elle m'a dit : « Arrête-toi ici, c'est mon école primaire, cet endroit est resté le même. »

L'école était entourée de policiers municipaux. Ils nous ont arrêtés, ont procédé au contrôle des papiers du véhicule, et nous ont dit : « Vous n'avez pas le droit de vous garer ici. Allez plus loin et revenez à pied. » C'est ce que nous avons fait.

Puis nous sommes entrés dans l'école, et Marie a posé quelques questions, mais personne n'avait d'informations à lui communiquer. L'école avait été incendiée plusieurs fois, il n'y avait plus d'archives, et elle était devenue une caserne de la police municipale.

Marie était sûre toutefois qu'il s'agissait de son école primaire. Elle m'a dit : « Viens, on va marcher. Normalement, notre maison se trouvait à quelques mètres de l'école. » Nous avancions doucement, Marie observait tout. Elle a reconnu la boulangerie, nous sommes entrés et avons demandé, mais il s'agissait d'un nouveau propriétaire qui ne pouvait pas nous renseigner. Nous avons marché encore quelques mètres et elle s'est écriée : « C'est ici, c'est ici ! Notre maison ! »

Nous nous sommes rapprochés, j'ai sonné. Une dame âgée a ouvert la porte et nous a priés d'entrer. Sous le coup de l'émotion, oppressée par tous les souvenirs qui se réveillaient en elle, Marie s'est évanouie dans la cour. Le vieil homme qui vivait là aussi a cru, en entendant notre bruit et nos cris, que nous étions des terroristes. Nous avons installé Marie dans le salon, et elle a expliqué les raisons de sa visite. Elle lui a dit :

« C'est la maison de mes parents.

— C'est aussi la maison de mes parents, a répondu le vieux.

— Es-tu Malik ? a demandé Marie.

« — Oui, je suis Malik.

— Malik, je suis ta grande sœur, Warda. Mais aujourd'hui, tout le monde m'appelle Marie. »

Malik l'a serrée dans ses bras et a pleuré longtemps, à gros sanglots. Ils ne s'étaient pas vus depuis soixante ans, c'étaient des retrouvailles surprises, complètement inattendues. La femme de Malik a préparé le café, des gâteaux. Pendant ce temps, j'ai appelé ma femme et sa sœur. Tout le monde était ému, et heureux.

Marie a raconté qu'elle n'avait pas recherché sa famille parce que son oncle le lui avait interdit, par peur que les assassins ne les retrouvent, car ils avaient reçu l'ordre de tuer toute la famille. Malik a confirmé cette version. Lui et leur petite sœur avaient dû rester cachés chez leur tante.

Malik a commencé à raconter sa vie, ses enfants, les recherches qu'il avait faites pour retrouver sa sœur Warda, en vain. « Nos parents sont morts en héros, tu peux être fière d'eux. L'État algérien leur a même attribué une rue à leur nom. » Puis il a demandé qui j'étais, et Marie a expliqué que j'étais de la famille de son mari.

« Tu peux parler de tout devant lui, a-t-elle ajouté, pas de problème.

— J'ai tous les noms des commanditaires de l'assassinat de nos parents. Je pense que c'est le moment ou jamais de les venger, puisqu'il règne une grande confusion entre les vrais policiers et les faux. Si je trouve un tueur à gages, je l'embaucherai. Les assassins habitent à Paris, dans un quartier riche de la capitale.

— C'est trop tard pour se venger, on doit les laisser au bon Dieu, a dit Marie. Mais il ne faut rien dire à mon fils, sinon, il y aura un crime, et il restera en prison toute sa vie. On pourrait plutôt les attaquer en justice, je connais de grands avocats.

— Tu viens quand tu veux, c'est chez toi ici. Nous n'avons pas encore réglé la succession de nos parents, on n'est pas dans le besoin. Aussi, la maison est autant à toi qu'à nous. »

Malik avait travaillé toute sa vie à la mairie de sa ville, tandis que sa plus jeune sœur avait été institutrice à l'école primaire.

Malik a repris : « Notre sœur n'habite pas loin d'ici, elle sera là dans une heure. » Nous sommes restés dîner chez Malik, avec leur sœur, Karima. Toute la famille était réunie, c'était un grand plaisir pour tout le monde.

Le dîner terminé, nous avons repris la route. Nous étions tous très fatigués, nous avions passé une journée mouvementée, aussi j'ai laissé Marie chez son frère. Puis je suis allé, avec ma femme et mon fils, rendre visite à mes parents et à ma grand-mère. Nous avons passé la nuit sur place, parlant de tout et de rien. Ma grand-mère avait repris des forces, je la retrouvais comme avant. L'histoire de l'empoisonnement était oubliée, Dieu merci.

Le séjour s'était bien déroulé, chargé en émotion. Nous étions sur le chemin du retour, direction le port d'Alger. Il était 7 heures du matin, et l'embarquement était programmé à 11 heures. Marie était toujours vêtue d'un voile et d'une djellaba pour éviter tous les problèmes. Et moi, j'ai remis mes lunettes de vue pour ressembler le plus possible à Hakim. Il y avait de nombreux barrages de police et de gendarmerie.

Marie m'a dit : « Comment peux-tu laisser ta famille vivre ici en Algérie, c'est vraiment de la folie ! Je ne te comprends vraiment pas. »

Nous redoutions d'arriver en retard, tant les routes étaient bouchées partout. Mais tout s'est bien passé. J'emportais le dossier de demande de livret de famille français dans ma valise.

Nous pouvions dire que nous avions fait un bon voyage, très facile, bénéfique pour Marie comme pour moi. Nous avions tous les deux réglé nos soucis, surtout Marie qui avait vécu des retrouvailles incroyables.

À notre arrivée au port d'Alger, il y avait peu de monde, mais pas mal de contrôles, passeports et bagages.

Je me sentais inquiet, mais Marie était là, avec moi, on ne pourrait jamais rien suspecter.

« Il ne faut rien dire à Hakim, me dit-elle. Je lui raconterai tout quand je serai bien reposée. J'espère qu'il ne m'en voudra pas. »

Dès que les montagnes de Marseille sont apparues au loin, Marie a retiré son foulard et sa djellaba, adoptés de force en Algérie. Dans la grande ville française, le soleil était au rendez-vous, et les terrasses pleines de monde. La ville vivait vraiment. Ce n'était malheureusement pas le cas en Algérie.

Nous avons pris le TGV à la gare de Marseille-Saint-Charles, direction Paris, gare de Lyon. Nous étions épuisés, heureusement Hakim était venu nous chercher à l'arrivée.

J'ai repris mon travail normalement, et j'ai reçu peu après, de Nantes, l'accusé de réception du dossier de demande de livret de famille.

Un soir, en rentrant du travail, j'ai trouvé Marie sous son pommier, triste comme d'habitude.

« Je veux que tu remontes le cartable quand Hakim sera là, m'a-t-elle demandé, pour que je lui explique ce qui est arrivé à mes parents, et les raisons qui m'ont poussée à ne pas les rechercher. Il doit savoir. Mais pour son papa, je ne peux rien lui dire encore.

— Son papa ? me suis-je étonné.

— Il a disparu il y a longtemps. Mais chaque chose en son temps. Quand ta femme sera là, je te ferai des révélations que tu garderas pour toi jusqu'à mon départ, ce qui ne sera pas simple. Mais allez, maintenant, va te coucher, bonne nuit. »

Quand Hakim est arrivé, Marie lui a raconté la bonne nouvelle, ses retrouvailles avec sa famille. Elle lui a montré les photos, il était vraiment très content. Tout lui paraissait impossible, car la veille encore, il ignorait l'existence de sa famille en Algérie. Je suis descendu à la cave, et j'ai remonté le fameux cartable noir. Marie l'a ouvert, elle en a sorti deux albums de photos noir et blanc, et les articles de journaux qui évoquaient l'assassinat de parents.

On voyait Marie dans le jardin avec son père et sa mère, des photos de son frère et de sa sœur. Elle commentait chaque image pour Hakim. Elle lui a indiqué les dates exactes et les lieux où elles avaient été prises. Marie avait une mémoire d'éléphant, elle révélait de nombreux détails très précis pour chaque photo.

Nous avons trouvé dans le cartable des dossiers confidentiels concernant les missions de ses parents.

Hakim se montrait toujours aussi gentil et sympathique avec moi. Il était très heureux pour mon mariage, et fier de ma détermination à régulariser ma situation. Je lui ai parlé de son oncle et de sa tante. Il a eu envie d'aller les voir rapidement. Il n'avait jamais pensé qu'un jour, sa maman lui ferait une telle surprise.

Le livret de famille est arrivé, Hakim est allé le chercher à la mairie, puis je l'ai envoyé à ma femme, afin qu'elle puisse préparer son dossier de demande de visa. Assez rapidement, elle l'a obtenu. Nous étions tous très satisfaits.

Je me suis rendu à l'aéroport pour aller la chercher à son atterrissage accompagné de Marie. Cette fois, Djamila avait voyagé avec un vrai visa. Nous sommes rentrés à la maison, elle était heureuse, et moi très soulagé. Enfin, je pouvais profiter d'une minute tranquille.

Très vite, j'ai inscrit mon fils à l'école, en utilisant l'identité d'Hakim, le plus normalement du monde.

Quelques mois plus tard, ma femme a reçu une carte de séjour pour dix ans. Elle a engagé une procédure de divorce avec Hakim, tout s'est très bien déroulé, et tout de suite après, nous nous sommes dit oui à la mairie, pour la troisième fois !

Ma situation s'est rapidement améliorée. Nous avons eu un deuxième enfant, Hamid. J'ai fini par obtenir des papiers, j'étais libre, enfin.

Marie m'a proposé de gérer sa blanchisserie et les biens immobiliers qu'elle louait. J'ai accepté sans réfléchir.

Hakim est parti s'installer en Thaïlande avec son amie, Sara, qu'il avait rencontrée dans le sud de la France. Il ne pouvait donc plus venir aussi souvent qu'avant, aussi j'ai pris en main toutes les affaires de Marie.

Au bout de quelques mois, Djamila a arrêté de travailler pour s'occuper de Marie qui avait fait un AVC, la pauvre, et était devenue impotente. « C'est à notre tour de l'aider, disait ma femme, elle a tellement fait pour nous. Il n'y a pas de raison que je la laisse partir dans une maison de retraite comme nous l'a suggéré son fils, Hakim. »

Pour lui, c'était en effet la seule solution, mais Djamila était très reconnaissante à l'égard de Marie et de son fils, et elle désirait leur rendre le bien qu'ils nous avaient fait.

Même si elle avait repris quelques forces, Marie restait fragile et fatiguée. Elle nous avait laissé son grand appartement, car notre famille s'était agrandie : notre petite fille venait de naître et nous avions maintenant trois enfants.

Marie nous a accompagnés plusieurs fois en Algérie. Son frère et sa sœur sont venus aussi la voir, à l'occasion. Elle vivait un bonheur absolu.

Un jour, j'ai égaré un dossier à la maison, j'ai commencé à chercher dans le salon, et je suis tombé sur une chemise cartonnée. Je l'ai ouverte. Je ne m'attendais pas à ce que j'allais y trouver. Des photos de Marie défigurée, les yeux gonflés, on ne la reconnaissait presque pas. Plus de quinze photos, des bleus partout.

Je lui ai posé des questions sur l'auteur des coups, elle m'a dit : « L'auteur des coups, il est sous le pommier. » Je n'ai pas compris ce qu'elle voulait dire, et j'ai laissé tomber. J'ai cru en fait qu'elle perdait la tête. Mais la nuit venue, j'ai eu du mal à m'endormir, et j'ai réfléchi à sa phrase : « L'auteur des coups est sous le pommier. » Oui, il y avait bien un pommier dans le jardin, sous lequel elle aimait s'asseoir, sur sa chaise en bois. Là où je la trouvais souvent en train de pleurer. L'avait-elle assassiné, puis déclaré disparu ? S'agissait-il d'un voleur qu'elle avait surpris chez elle ?

Je me suis posé beaucoup de questions, mais je n'avais pas vraiment envie de savoir la vérité. Je ne pouvais toutefois pas croire que Marie était une criminelle. Elle avait le cœur sur la main. Quelquefois, elle avait des coups de colère, mais sans plus.

Quelques jours plus tard, elle m'a appelé. Je suis allé la voir dans sa chambre, et elle m'a dit :

« Sais-tu qui repose sous le pommier ?

— Je ne veux pas le savoir, lui ai-je répondu.

— C'est bien. Après ma mort, tu trouveras une lettre que j'ai placée dans le tiroir de gauche. Tu la remettras à mon fils, je lui explique tout dedans. »

Peu de temps après, Marie a dû être conduite aux urgences, dans un hôpital parisien, pour insuffisance respiratoire. Son fils est venu avec sa femme et ses deux enfants, je l'ai croisé dans le couloir alors que je quittais l'hôpital. Je lui ai parlé de la fameuse lettre que sa maman lui avait laissée, il en a été surpris, il ne s'y attendait pas, car il discutait souvent avec elle et elle ne lui en avait pas parlé. Je n'ai pas eu envie d'évoquer les photos horribles que j'avais vues.

Le téléphone a sonné, j'ai sursauté dans mon lit. Il était 2 heures du matin : malheureusement, une mauvaise nouvelle. Marie était morte une heure plus tôt. J'ai contacté Hakim, et nous nous sommes rejoints à l'hôpital.

Hakim m'a regardé et m'a dit :

« Et maintenant ?

— Maintenant, je vais aller chercher la lettre avec ses dernières volontés, pour savoir où elle voulait être enterrée, en Algérie ou en France. »

« Je suis Marie (Warda). Je désire être enterrée en Algérie, auprès de mes parents. Veuillez prévenir ma sœur et mon frère.
Je ne souhaite pas de cérémonie en France.

Mon cher fils, ton papa me battait depuis des années. Il n'a pas disparu, je l'ai tué. Un soir, il est rentré ivre, il a commencé à crier. J'ai essayé de le calmer, malheureusement, il est devenu encore plus menaçant. Toi, tu étais dans ton lit. Il m'a battue, au point de presque me tuer. Pour survivre, il fallait que je le tue. J'ai pris le pistolet que mon oncle gardait à la maison, je lui ai tiré deux balles dans la tête.

J'ai eu peur que la justice ne reconnaisse pas la légitime défense, j'ai eu peur de te perdre. Nous vivons dans une société où la femme n'a pas le droit de se plaindre. Même si nous déposons plusieurs mains courantes et des plaintes, nous sommes toujours coupables.

Je l'ai enterré toute seule, sous le pommier dans le jardin, avec l'arme de crime, et j'ai signalé sa disparition à la police.

Je te demande pardon de t'avoir caché tout cela, pendant si longtemps. Mais je n'ai jamais regretté mon geste. Tu dois être fier de ta maman.

Je t'aime,
Marie. »

Nous avons organisé les obsèques de Marie, tout le nécessaire a été fait. Nous avons accompagné son corps par avion à Alger, dans sa dernière demeure. Elle y reposerait avec ses parents. Toute la famille était là, grands et petits, pour assister à son enterrement.

À notre retour d'Algérie, je suis allé avec Hakim déclarer l'assassinat de son père par sa maman. Rapidement, les policiers ont fermé la rue et ont commencé à creuser sous le pommier. Des journalistes attendaient dehors, devant la porte de l'immeuble de Marie.

Les voisins croyaient que c'était Marie qui avait été assassinée. Les mauvaises langues ont parlé d'un Arabe, Ahmed, qui avait tué sa patronne, une Française, avec la complicité de son fils, pour une affaire d'héritage.

Les rumeurs m'ont vraiment fait mal.

Une dame est sortie un jour de l'immeuble et m'a dit : « C'est toi qui l'as tuée. Même son fils est complice, tu es une ordure ! Si j'avais une arme, je t'en mettrais une dans la tête. » Mes enfants ne pouvaient plus aller à l'école, ma femme avait peur de sortir.

En voyant que les gens disaient n'importe quoi, Hakim a décidé de s'adresser directement aux journalistes pour faire taire toutes ces rumeurs, mais c'était trop tard.

Très vite, des photos de moi ont fait la une des journaux télévisés et de la presse écrite. Je recevais des coups de téléphone de mes ex-collègues de travail, et aussi de mon ami Walid :

« Salut, Ahmed, je viens de voir ta photo à la télévision. Tu as assassiné ta patronne ? Rappelle-moi de toute urgence. »

Je l'ai rappelé, pour le rassurer, il m'a dit : « Fais attention, ils peuvent te tuer. Même si tu ne l'as pas fait, tu dois te protéger. Cette affaire a ému toute la France, reste chez toi, ou présente-toi à la police. À ta place, je partirais en Algérie quelque temps, le temps que les gens comprennent de quoi il s'agit. Car les journalistes ont tout mélangé. Si tu veux, je viens et je te dépose à l'aéroport. »

Il a ajouté : « On doit aller au commissariat porter plainte contre les journalistes qui ont relayé ces fausses informations. »

J'ai pris un avocat, qui m'a conseillé de disparaître quelque temps, puisque je ne pouvais pas sortir dans la rue ni faire mes courses.

Nous avons été auditionnés au commissariat de police, et nous avons porté plainte contre le journaliste qui avait écrit des horreurs sur moi, et aussi contre quelques voisins. Les gendarmes ont fini par retrouver l'arme du crime ainsi que le corps, momifié, enroulé dans plusieurs sacs plastiques et dans des draps. Le corps était bien conservé, exactement à l'endroit que Marie avait mentionné dans sa lettre.

L'autopsie a confirmé la cause du décès, deux balles dans la tête, et l'arme du crime retrouvée correspondait parfaitement.

Pour ma part, j'ai été obligé de disparaître pour un temps du quartier, et d'attendre que les gens oublient cette affaire qui a fait beaucoup de bruit. Je suis donc parti en Algérie, dans ma famille.

*

Depuis, chaque fois que je me rends en Algérie, je me rends sur la tombe de Marie.

DU MÊME AUTEUR

Le Téléphone Piégé Edition Amazone
ISBN 9781092459105